The Family Firm

A Data-Driven Guide to Better Decision Making in the Early School Years

機智教養生活

經濟學教授媽媽
教你做出最佳教養決策

Emily Oster

艾蜜莉・奧斯特——著　游繡雯——譯

媒體推薦

REVIEW

這本書像是一個迷你的MBA課程，幫助父母建立日常生活的最佳實踐。因為是奧斯特的書，所以充滿數據，一切都以輕鬆、懷疑的風格呈現，是沒時間針對各項議題做研究的父母的必讀之書。

——華盛頓郵報（*The Washington Post*）

奧斯特深入研究有關育兒問題的數據，消除混亂，為家庭提供做出更好決策的基礎。她前兩本關於懷孕和幼兒的書，讓她在育兒界受到矚目，現在她又回來了，研究讓有學齡兒童的父母夜不能寐的話題。

——早安美國（*Good Morning America*）

奧斯特自稱是一個數據狂，敢於質疑現狀，告訴父母什麼是有意義的。

——紐約時報（*The New York Times*）

奧斯特利用她作為商學院教授的經驗提出，我們如何更好地做出一些艱難的決策。一些謹慎的、受經濟學啟發的思考，可以幫助我們減少焦慮、緊張和壓力，僅就這一點來看，這本書就值得一讀。

——華盛頓自由燈塔（*The Washington Free Beacon*）

在奧斯特的幫助下，讀者不必擔心這一階段的育兒，而是可以接受（甚至享受）挑戰。

——書單（*Booklist*）

在這本非常實用的指南中，奧斯特為學齡階段孩子的父母提供了大量的理性指引。

——出版者周刊（*Publishers Weekly*）

這是一本指引，為孩子的健康生活和未來成功，規劃出一條更少壓力和更加優化的道路。

——時代（*TIME*）

將企業方法與她標誌性的觀點相結合，奧斯特提供了你真正想要的輕鬆建議。

——職業母親（*Working Mother*）

奧斯特一貫流暢的行文，點綴了這本充滿機智的書。

——沙龍（*Salon*）

為許多長久以來的教養辯論增添了簡單和安心。

——帕薩迪納（*Pasadena*）

目次 CONTENTS

PART

3

數據研究

前言

INTRODUCTION

在現代社會養兒育女，你終究要面對這個大哉問：「我什麼時候可以擁有手機？」這個問題可能在你的孩子十歲的時候出現，但更有可能的是，在他五歲或是八歲的時候。

「我所有的朋友都有手機！」「如果我沒有手機，我永遠不會受邀去參加這個活動或那個活動。」「你難道不希望有突發事件的時後，我可以打電話給你嗎？」「網球訓練營的蘿倫已經擁有手機了，她年紀比我還小。」之後，從某個時候起，你孩子的某個朋友可能有手機了，然後他們可能會開始發簡訊到你的手機。「你好嗎」、「我想念你」、表情符號、表情符號、表情符號。或許只為了不要收到這類簡訊，就值得給孩子買支手機。

然而經你調查，網路世界是各類警世故事的來源：「手機與少女的焦慮有關聯」，或是「手機被證實會降低學生成績」。一篇關於矽谷家長的文章說，他們避免使用手機以及所有塑膠類的玩具。後者似乎不切實際，但有關手機的說法，則有可能。然而，別人的孩子似乎都擁有手機。你想成為唯一例外嗎？或是別的家長另有高見，而你孤陋寡聞呢？

這是一種新型態教養觀的困境。當你撫育嬰兒時，思考的是諸如「用方巾把寶寶包得緊緊的是好主意嗎？我應該在孩子四個月還是六個月大的時候餵食固態食物？睡眠訓練怎麼做？」各種大大小小決策出現的頻率與其陌生程度，讓人覺得快瘋了。甚至，你在做這些決策的時候，是處於一種極為疲憊的半夢遊狀態。

但是從有個年齡稍大一點的孩子的家長角度來看，這些決策又顯得十分容易處理。舉例而言，對於用方巾把嬰兒包得緊緊的，是否是個好主意的問題，是有正確答案的（答案是：是的）。這個答案是根據數據、研究與證據而來。在健康的嬰兒當中答案是相當一致的。而且，就整體而言，這件事也無足輕重。如果你用方巾把寶寶裹緊，他們從小會睡得比較好。但是如果你不這樣做，也不會有什麼害處。

然而，什麼時候給孩子手機，則是一件截然不同的事情。關於此事的研究數據不多，當然無法和我們對用方巾裹緊嬰兒的理解程度相提並論。幾乎可以肯定的是，這對不同的孩子會造成截然不同的結果。這個問題的最佳解答，對同一個家庭裡的兩個孩子，都可能會不一樣，更別說是對兩個家庭了。

更麻煩的是，對於許多較大孩子的決策，甚至問題本身可能無法即時清晰呈現！孩子應該擁有只能打電話給家長和警察的陽春手機嗎？還是孩子是否應該擁有最新、最潮的智慧型手機呢？當你在斟酌第一個問題時，你的另一半或許考量的是第二個問題。別說是想解決同一個問題——有時侯我們所討論的，甚至根本不是同一個選項。

這本書的重點是學步期以後，但還在前青少年期的階段——就說是從五到十二歲好了。

我們的討論會從送孩子上小學開始，一直到青春期前期。青少年期則留待以後再談。

這個年齡層的教養決策不如在嬰兒期做決定那般頻繁，但這些決策總是更為複雜。什麼型態的學校才適合？應該在什麼年齡入學？如何讓孩子攝取健康的飲食？孩子是否應該參與某項運動，如果是，應該多麼投入？你自己是屬於直升機家長、放任型家長、虎爸虎媽、還是鴕鳥型家長呢？咦，有最後這種類型嗎？

這些問題都和手機的問題有點相像：這些問題感覺很龐大、很重要，甚至令人摸不著頭緒。不難了解，這些問題會讓感覺不勝其擾的家庭備感壓力。

這就把我們帶到這個教養階段的另一項指標上：日常行程安排。對多數人而言，二十一世紀的教養學，是一門在每日行程上複雜無比的操練。對我來說，夏令營就是最鮮明的例子了。

我弟弟有四個孩子。孩子多代表每天有眾多行程安排，所以當他在寫給我的電子郵件結語是，他必須去編排行程安排一覽表，以便規劃孩子們的夏令營，我並不太驚訝。

但那是十一月的時候。

事實就是，他家的孩子參加各種不同的夏令營——運動、宿營、駕帆船，還有好像叫做「麝鼠」的夏令營。這些夏令營顯然很受歡迎，所以你必須在感恩節以前就規劃好，才能預定到合適的週次，因為大多數的美國學校體系，夏天會放將近三個月的暑假，夏令營對學齡兒童家庭的日常行程安排，是個巨大且極其複雜的難題。

我們居住的地方，動物園夏令營是最受歡迎的夏令營之一。二月份的某天會開放報名，如果你錯過那一天，那就沒望了。或者，更慘的是，你報名到不如人意的一週——不是孩子朋友參加的那週（他們的家長顯然記得開放報名的日期）。

即使奇蹟般地，你記得去報名，一旦夏天到來，你也必須應付夏令營的日程表。超出我能理解的是，在夏令營開始之前，這個大名鼎鼎的動物園夏令營，要求家長登記孩子想吃哪一種三明治。如果你忘記了（沒錯，我就忘了），你送孩子去夏令營時，會受到孩子嚴厲的指責，而且你的孩子只能吃最不受歡迎的那種三明治。

還有夏令營的時間問題！例如動物園夏令營是從上午九點到下午三點，不提供之前或之後的看顧。誰要遲到早退來成全這件事呢？祖父母那週能來嗎？除了夏令營之外，還需要另外找個保姆嗎？夏令營的費用昂貴，保姆費也不便宜。每天的接送行程關係到時間，也關係到金錢。

在我看來，這兩種情境——手機和夏令營——描繪出現今教養世代的兩個關鍵問題。日復一日面對一系列行程安排的挑戰。然後這些行程又會被一些重大、複雜、舉足輕重、有連動關係的決策所干擾，而這些決策又經常讓人理不出頭緒。還有，附帶說明，家長對那些複雜決策所做的決定，又將反饋到每天的行程安排中。

但這些與教養幼兒的許多挑戰有著根本差異。在那個時期的問題，家長需擁有更多相關數據（就如使用方巾緊裹新生兒），但問題很快能獲得解決。那些問題需要一種當下、即時的解決策略，而這種即時解決的方式，就足以因應問題。

想像一下這個嬰兒情境：嬰兒睡覺時大便在嬰兒床上，大便沾得到處都是，包括小地毯，還有，大便是綠色的。怎麼辦呢？做法很清楚：快速清理大便、替嬰兒換衣服、洗床單、清洗地毯。然後立即打電話給醫生，詢問綠色大便的問題（附帶一提，綠色大便並無大礙）。

這件事頗費體力，而且有點噁心，但事情很快就過去了。就像起了一場小火，你把火滅了，日子照過。

你可能已經發現這個綠色大便階段非你所長（老實說，我也不喜歡）。也許你希望往後的教養階段，更能讓你發揮所長。這樣想很好！但是，即使你更適合決定你就讀小學三年級的孩子，是否應該參加跨區足球隊，這個決定也得深思熟慮。這是否是適合他們的活動，以及這類團隊運動的好處與代價為何？現在開始從事這類活動的理由何在？實際的可行性呢？這會不會妨礙你們家庭所在乎的其他事情呢？你如何知道這類活動與其他重要事情，相形之下，是更為重要或更不重要呢？

這類問題不能僅憑單一資訊——這不單只是問「綠色大便有問題嗎？」而是要考量到大

量資訊，既要考慮有關足球本身的資訊，也要（或許要更多）考量關於你們家庭的結構、核心價值觀，以及每天日常生活型態的訊息。而且，如果你決策錯誤，可能會落入讓家人不快樂的處境。

想像一下，你有兩個孩子。西門九歲（小學二年級）；艾莉六歲（小學一年級）。他們在離家不遠的公立學校上學。早上七點半校車來接；學校在下午兩點四十五放學。讓我們假設你們是雙親家庭——媽媽和爸爸——我們也了解，你們家的成人人數或有不同。

這是你們日常生活的一種可能模式：孩子早上六點半起床，自己穿好衣服，下樓。全家一起吃簡單早餐，然後孩子急著出門到搭校車的地點（檢查一下：孩子是否有漏帶東西）。爸媽略做清理，然後上班去。下午三點十五校車把孩子送回家，保姆在下車地點等著接他們，帶他們回家。每星期有兩天，西門放學後會去踢足球，另一位家長會在五點半送他回家。爸媽在五點四十五左右到家，保姆離開，六點半晚餐上桌（好吧，不是佳餚美饌，但是大家都喜歡又吃到義大利麵，對吧？），晚餐，洗澡，老大有些回家作業，兩個孩子都在八點半上床睡覺。

或者這是另一種模式：孩子六點半起床，穿好衣服，吃早餐。媽媽在孩子起床後不久就出門了；孩子由爸爸負責。孩子出門搭校車，爸爸回到他的居家辦公室。下午三點十五，校車將孩子送回來，爸爸在下車地點接他們。每週一次，爸爸接送兩個孩子去上音樂課；每週兩天，在同個時間，老大有足球，老二有體操（送老大去練足球，開車送老二去練體操，在那裡等，開車回足球場，接老大）。通常他們會在六點半以前回家。孩子們做功課或看電視時順便吃飯。媽媽七點左右回來。通常孩子八點半上床睡覺，然後爸媽共進遲來的晚餐。

又或者這是第三種模式：孩子自己在七點十分起床，出門去搭校車時順手抓一個早餐麥片棒。爸爸早上六點前就出門上班去了；媽媽在家，整理家務。媽媽負責兩點半到學校接孩子，然後出發往鄰近郊區。兩個孩子在星巴克做作業、吃點心，然後出發到溜冰場。通常花式滑冰是從下午五點到八點。媽媽會在附近為孩子買好晚餐，或者在她有時間的時候，會自備三明治。同時，爸爸在七點左右會來溜冰場接手，好有時間和孩子相處。全家人在九點前到家（如果那天諸事順利的話），然後十點前上床睡覺。

這些家庭安排中，沒有任何本質上的錯誤。規劃自己的家庭生活有各種不同的做法。然而，當期望與現實不符時，麻煩就因而產生。

如果你的願景是這個故事的第一個版本，卻發現自己的生活是第三個版本，你可能會不開心。如果你總覺得全家人共進晚餐至為重要，而實際上，每週七個晚上，你們有六個晚上是在活動與活動間的空檔在外用餐，那就是自找麻煩。

在這個年代，安排每日行程就是最困難的部分。你的孩子（和你）每天、每個時程所從事的活動，會影響你們的預算、時間，以及你對親子關係的感受。

對我而言，適應這個新的教養時代，需要一種徹底的改變。我有兩個孩子：女兒潘妮若碧和兒子芬恩。我的專業是一名經濟學家，也當了多年教授。我的工作以數據為中心，我研究健康議題——人們對其健康所做的選擇，理由為何？也研究探究數據的方法。我試圖理解諸如「某證據比其他證據更為可靠的理由？有沒有辦法從不完美的證據中獲得資訊？」

當我懷潘妮若碧時，以及後來在兩個孩子的幼年時期，我把這些數據技能應用在我的教養生涯中。差不多任何與懷孕或與孩子相關的問題——什麼樣的產前檢查、應不應該做無痛分娩、是否需要哺餵母乳直到孩子一歲、割包皮、如廁訓練、幼兒使用電子產品的時間——我的第一反應是去參考針對這些主題的學術研究，回到系統的數據與證據。甚至，坦白說，對於無關緊要的問題，我也如此奉行（我曾試圖找到關於嬰兒是否應該戴上嬰兒手套的學術論文）。

數據並不總是完美的，事實上，有時候其中某些部分簡直是太糟了。但是對於大多數感到重大、慎重且重要的決策，有三份數據的話，至少是足可信賴的資訊。關於哺餵母乳有益（或無益）的證據有些漏洞，但仍可以從中獲益良多。我運用這個策略寫了兩本書——有關懷孕期間的《好好懷孕》（*Expecting Better*，暫譯），以及有關幼兒時期的《兒童床邊的經濟學家：父母最關鍵的教養決策》（*Cribsheet*）。

我以為我會永遠以這種方式倚賴數據。然而隨著孩子的成長，問題改變了，我發現數據導向所產生的解決方案，並不總是可行的。不是說問題感覺不那麼重要了，而是問題感覺上更為特殊、更為獨特。單靠數據並無法幫助我。

例如有一陣子，我們在選擇學校。關於學校的確是有數據和研究資料的，但這些資料很籠統。而學術文獻不會問到，「在我個人的選項中，哪所學校是最佳選擇？」這種問題。我們對過夜夏令營也有疑問，但是沒有地方可以搜尋「我的孩子已經適合離家遠行了嗎？」至於與社會議題有關的問題——霸凌、挑釁行為、焦慮、自尊心，這些更難找到答案。

我很想舉雙手投降，認定數據並不相干，而我應該就此放棄對這一切進行系統化整理，就按照自己的直覺，或是根據最近自己遇到的某些偶發事件來做決定。但是這樣做並不恰當。還是有相關數據存在，我仍然需要找到最佳證據，分辨數據的優劣。然而，這類數據不能單獨應用，我需要有更多正反證據的加持。

一方面，我們需要對自己所提出的問題，以及對如何設想問題，多加思考。「綠色大便正常嗎？」是一個非常基本的是非題。但是面對「什麼樣的學校是合適的？」這類的問題，這種問法太不明確了，沒有辦法用數據回答，因為你沒有問對問題。一個比較好的問法是「我此時應該為某特定孩子選擇A學校還是B學校？」當然，你得要早在開始搜尋之前，就考慮好你有哪些選項。你需要靜下來，首先思考如何設定問題。B學校的選項真的存在嗎？

這種事情在幼兒教養期，並非從未發生過，然而在現在這個階段，我發現自己想的是：

真正的問題出在哪裡？我發現通常事情要有進展，我和我先生傑西得退一步，甚至在開始考慮哪些證據適合蒐集之前，先界定議題。

還有其他需要調整的地方。我們一直很清楚，家庭對各類事務優先次序的設定是很重要的。事實上，《兒童床邊的經濟學家》一書的核心概念就是，不同的家庭會對像是母乳哺餵和睡眠訓練等事項，做出不同的選擇，而且家庭優先事務在這類決定中扮演重要的角色。然而現階段我們所做的每個決定，都會彼此連動。我們有必要退一步，**更謹慎地思考大局，思考自己家庭的基本結構**。我們再也無法將攸關個人的決定，與這些更大的課題切割。

再回想一下前面那三種家庭情境。認真投入溜冰的選擇不是獨立作業，**這會影響到那一整天、一整個星期、一整年**。這是一個重大的選擇。全家共進晚餐與溜冰是一個選擇，而不是兩個選項。

我越想越覺得，我們家已經開始運作得像是一家企業。我在家庭中並沒有背離我的工作，我只是把我統計方法研究者的身分，轉換成以前商學院教授的身分。在我來到布朗大學之前，我在芝加哥大學布斯商學院工作五年，教授企管研究生個體經濟學。我花了很多時間對那裡的學生解釋，如何運用經濟學來管理他們未來的商業交易，我也指導有宏大創業想法的學生。

我慢慢理解到，我想傳授給學生有關企業經營的課程，對如何管理我自己的家庭，頗具價值。當我和傑西與八歲的潘妮若碧開家庭會議（利用谷歌行事曆），討論學年計畫時，這個想法更為具體成形。我們事先提出一份草擬的議程與計畫表（很棒的會議！潘妮若碧和傑西注意到我草擬的檔案中，有若干錯誤，但會議基本上是成功的）。

我認為，**其實在孩子這個成長階段，家長最需要的許多工具與流程，正是許多企業得以運作良好的工具與流程**。然而，即使是每天在工作中使用這些工具的人，卻不一定能發現，這些工具與流程在家中同樣適用。

讓我們假設你的工作是在某家髮品公司，管理洗髮乳的生產線。你們公司突然有機會收購一家生產特定類型、有香味、但規模較小的洗髮乳公司。思考這個問題有一個特定的程序。你可能一開始就會先問，這次的收購是否符合你們公司的使命（例如也許你們公司標榜「純天然、無香味」，在這種情況下，這可能不是良好的收購方案）。你會查看他們的銷售數據，看這是否是個成功的品牌。你會召開會議，你的決策會以特定的方式呈現（我們應該出價多少收購這家公司？）。你會利用安排日程的工具，可能是某種任務管理的軟體，而且你會考慮收購規模較小公司的得失。最後你會做出決策，然後繼續下個任務。這種（至少在理論上會是）平順的過程，我們在家裡通常做不到。

現在，讓我們思考一個可能很熟悉的家庭場景：九歲的索菲亞受邀加入跨區足球隊。她真的真的很想參加，因為她最要好的足球隊朋友要參加。如果你不讓她參加，你簡直就會毀了她的一生。

你可能極想根據當下的氛圍——孩子一直嘟囔著、其他父母的決定——來做決定，又或者是按照你當下的直覺反應。但是這個決策值得更多關注。在秋季，每週有四次傍晚的練習，加上週末至少花一天時間參加比賽。如果你答應了，這將成為你生活的重心。但是，如果你拒絕了，你會毀了索菲亞的人生。真的很難取捨。

這個決策值得你拿出和收購那家有香味的洗髮乳公司時所賦予的同等關注。**這是否符合你們的家庭「使命」？是否符合你們家庭的基本價值觀，或者符合你們視為重要的家庭生活重心**（例如全家共進晚餐可能對你們家而言是關鍵）？你需要審慎查閱數據。踢足球有什麼你需要考量的風險（腦震盪嗎？）或益處（健康的生活方式？團隊運動的好處？），你需要考慮具體的問題：索菲亞應該報名參加跨區足球隊，還是……有其他的選擇嗎？不要踢足球？參加社區足球隊嗎？打排球嗎？

就像在洗髮乳公司一樣，這個決定也要借助於一些相關的決策流程。幾場會議，或許某些共享文件。你可能不需要認真到使用專屬的Slack頻道，但這是個夠重要的選擇，因此紀錄下你們的討論，是頗為合理的考量。經過討論，最後你們會做出決定，希望這個決定比你倉促中所做的決定，更經審慎考量。

你可能不免注意到，這似乎很麻煩。開門見山說，毫無疑問，的確很麻煩。相較於憑當下的直覺決定，深思熟慮的決定比較花時間。但是我認為，**起頭所花的時間會替以後節省時間、減少麻煩**。如果你隨興決定就這麼做，然後每個星期要花好幾個鐘頭爭論，週末的足球比賽該誰去，那會浪費大把時間，而且有傷家庭和氣。

此外，**有時一開始先決定好大事，可以讓你更快速決定小事**。本書支持認真考量有關全家共進晚餐的問題：哪幾天全家人一起共進晚餐？如何準備這些餐點？大家如何協調配合？然而一旦做好諸如此類的決定，其他的決定就容易多了。

例如我女兒潘妮若碧在短暫嘗試足球，卻無出色表現後，她的主要運動是跑步。大約在她二年級左右，一位同班的家長告訴我，有個兒童跑步團隊，每週在附近的高中集訓兩次。乍看之下，這對潘妮若碧來說似乎很棒，有人可以陪她跑步、體驗團隊氛圍、鍛鍊身體。

但是當我查看資料，發現這個團隊是在下午六點集訓。我們家的核心管理原則之一就是，每天晚上六點全家一起共進晚餐。所以決定已有定奪，我甚至不必向第二人徵詢。

你的選擇或許截然不同，但是我認為，所有學齡兒童的家庭，都能從更輕鬆的日程安排上獲益。

這本書的本質是一本商業書籍，是教養的商業模型。我會描述一個架構與數個系統，讓你以有點像經營企業的方式來經營家庭。我要說，這種策略切合這個新的教養時代。

具體來說，我**首先要為你的家庭勾勒「大局」**。

第一步需要審慎考量你的家庭以及教養型態。你希望自己的家庭生活呈現何種樣貌？這看似瑣碎，但其中許多環節，的確歸結到你們每天生活的基本架構。家人希望一起用餐嗎？哪幾天呢？一天的結束是什麼樣子呢？就寢時間早還是晚呢？週末怎麼過呢？在一週當中，當你期待週六、週日到來，你是很興奮看見日曆上有一堆課外活動與交誼活動，還是希望週末比較家庭導向或宗教導向呢？

這個大局觀點也可以擴及稍微大一點的問題。雙親都外出工作嗎？或是你們想採取比較傳統的方式，媽媽待在家（如果家中成員包含媽媽）？或者較不傳統的方式，比方說，爸爸待在家（如果家中成員包含爸爸）？甚至更廣來說，也值得思考一下你們家的「教養哲學」。你有多重視並鼓勵孩子的獨立性格？你想從旁提供孩子多少協助？

審慎思考大局不能只是臨時隨便想想。我會建議你確實坐下來——一個人，或和你的另一半，或和其他家庭利益相關者，一起坐下來——討論你們想要的生活是什麼樣貌。任何時間都可以討論（甚至在你們有孩子以前，就進行這類對話，可能會有所裨益），但是在孩子入學前後的年齡，正是至少重新審視這類討論的自然時機，因為隨著接下來上學時間增加，家庭的日常行程會有許多變動。

事前有很多要做的事，但是某些報酬也是立即可見。了解大局還有一個附帶的好處，讓分配職責更為順利。**一旦你知道某些基本原則，許多決定就可以「劃分歸屬」——由某個人**

立即做決定，無需再詢問家中其他決策成員。這使得職責歸屬更容易，因而可以減少家庭衝突。

你與另一半可能發生衝突的原因很多，但在教養階段，我大膽地說，其中起碼有些原因是糾結在用微管理（micromanagement）的方式，處理上述各種複雜問題的傾向。而且我也敢說，我們當中多少有些人會在家裡實行這種我們在職場上絕對不會採行的微管理方式。

假設你的工作場所每週提供一次午餐，而你的職責之一就是訂購這些餐飲。通常你會找一些三明治、餅乾和飲料的選項。大家都喜歡這種做法。

某個星期，你徵詢一位同事，是否可以處理訂午餐的工作，因為有個工作計畫，讓你忙得天昏地暗。他們說，可以，沒問題。

你的同事上網點餐，突然，你忍不住站在他們身後批評：「不要選那麼多火雞肉的品項，沒人喜歡火雞肉。不對，不是那種素食三明治。不要點太多花生口味的餅乾！等等，我們通常不點水果。你們在搞什麼啊？」

你絕對不會這樣做。

為什麼不會呢？首先，這會浪費你的時間。你原先請同事代勞，這樣你才可以完成其他事情。第二，這樣做不尊重別人。這不是你和其他成人，或和你所信任、尊重並共事的人交談的方式。最後，這根本無關緊要！也許別人還滿喜歡吃火雞肉三明治的。即使他們不喜歡，最糟的情況就是，有些人這週會吃到較不合意的午餐。

現在想像一下，通常你是那個幫你五歲的孩子上夏令營做準備的人：你替他穿鞋穿襪、打包好他想吃的點心、替他抹防曬乳。有天早上，你忙著念書給你兩歲的孩子聽，所以請另一半幫孩子打理。

當你念完書，下樓看看情況。「穿錯鞋了！他喜歡比較不熟的香蕉，他絕對不會吃有褐色斑點的香蕉！我們早上不是用藍色的防曬乳，要用綠色的防曬乳！」

也許你也絕對不會做出這樣的事。但我猜，這感覺比前述的職場情境，更有可能發生。

然而，不該這麼做的理由，兩者都一樣。你在浪費時間、你不尊重你的另一半，而且這並不重要！穿什麼鞋子都可以。你對香蕉的想法可能有誤，但即使你是對的，孩子一天不吃點心，也沒什麼大不了。而且你究竟為什麼要使用兩種不同的防曬乳呢？

不是說這個決定裡的任何環節，都無需再討論，例如你們可能以後會討論關於什麼是恰當點心的問題。那是你們家庭大局的一部分。然而你們這麼做的原因是，如此一來，你們不必每天早上討論孩子是否可以吃巧克力麥片棒。現在每個人都能夠做決定，包括你的另一半，他做了一個完全合理的選擇，即使那不是你會挑選的點心。

對許多每天的日常做好家庭大局的選擇，將會決定你們的活動。但是並非所有的問題都能依此決定。

時不時（甚或還更頻繁），更重要的問題會出現：該選擇哪所學校、回家作業的議題、選擇哪個夏令營、孩子被霸凌（或霸凌別人）時該如何因應。採行企業化家庭管理方法的第二個重要部分，就是要**設計一個架構來做出這些重要的決策**。

這個架構的目標是在問「**我們如何能夠做出良好的選擇？**」請注意，問題並非「我們如何做出正確的選擇？」因為你無法保證自己會做出唯一正確的選擇。教養兒女本來就會犯錯。無可避免的，有時候你所做的選擇，後來證明是錯的。然而你所能做的是，**以正確的方法，推敲眼前的選項，並且妥善做出決定**。

當家人面對重大選擇時，我提供四個F的架構作為參考：

- **界定問題**（Frame the Question）：思考你要問的問題。這往往是最困難的步驟，雖然看似容易，但是在許多情況下，我們剛開始的問題不夠明確，所以其實無法作答。「什麼樣的學校合適呢？」就不是你能好好回答的問題。較好的問法是：「我們應該把孩子送到A學校還是B學校？」
- **查核事實**（Fact-Find）：蒐集你所需要的證據、數據與各項細節。這可能會牽涉到要多加了解每天的行程，並仔細思考如何有效執行（或不可行）。這也可能牽涉到每個選項利弊得失的數據。這個步驟會費時最久，是全面釐清所統整的各項元素的機會。

．**最後決議**（Final Decision）：一旦有了證據以後，召開家庭會議，並做出決定。這看似理所當然，但許多人經常省略召開此一決策會議，反而會每次用不同的資料反覆討論問題。因此建議大家在同一時間集思廣益，做成決定，結束討論。

．**後續評估**（Follow-Up）：大多數決策都應該接受後續評估。一旦做出決策並付諸實行，最後的步驟就是訂定具體計畫，決定何時重新檢視該決策。希望你做出了恰當的選擇，如果發現決策不當，那麼最好盡早重新考慮。

這些結構的組合：**綜觀大局的策略，及其連帶的日程安排與大原則，加上適用於較不常見決策的四個F，為你的企業化家庭提供了一個全面性的架構**。不過，你可能會想，數據在哪裡呢？儘管到目前為止我強調了決策的架構，但本書大部分的內容可以說就是數據。那麼數據的角色究竟何在呢？

簡短的回答是：無所不在！更具體來說，數據會呈現在你們的大局發展，以及你的個人決策中。舉一個具體的例子，在你所需要考量的大局中，其中的一部分就是家人共進晚餐：你們打算每天晚上一起共進晚餐嗎？這裡面涵括諸多衡量，而其中之一很可能是，這對孩子的發展是否重要（我的朋友班尼告訴我，他們家人一起用餐，因為「有人說不這麼做的話，我的孩子會成為連環殺手。」當然啦，如果這是真的，那這會是你做決定時要納入考量的一個因素）。

然而缺乏證據，你就無法知道家人共進晚餐和某些結果之間的關聯，是真實的或只是信口開河。你需要數據，就如同在懷孕期間與幼兒教養上的許多決定一樣，你需要分辨證據的優劣。或許家人共進晚餐與較佳的成績表現之間，的確有相關性，但這和家人共進晚餐導致這些較佳的成績是兩回事。很可能那些共進晚餐的家庭與家庭之間，彼此在其他方面也有差異。釐清相關性與因果關係，是這項工作非常重要的一環。事實上，我以前出版的書籍也強調了這點。

當我們論及個人決策時——關於學校、運動、社會發展或花在社群媒體的時間，我們也會發現數據很重要。這些數據並不總是針對某個特定的決定。事實上，當我們審視諸如家庭作業的成效之類的證據時，這可能對許多不同的家庭決策都很關鍵，雖然對每個家庭而言，其重要性對各項決策可能不盡相同。但是，手邊有這些數據，會有助於進行四個F中的第二項——查核事實，無論你如何界定具體問題。

沒有舉例，很難理解如何應用這個架構。所以下一章會從一個事例起頭。我特別舉了一個在學齡前常見的例子：幼兒園大班（kindergarten，譯註：幼兒園大班是美國小學的最低年級）入學年齡的問題，這個問題又稱為「延遲入學」（redshirt）。我希望這個例子能幫助你理解，如何從頭理清類似這類問題，即使你永遠不必面對這個特定的課題。

然後我會再回頭，對架構方法的每個步驟詳加解釋。我會從發展家庭大局的觀念開始說起，也會談到這種做法能有助你更迅速做日常決策。然後我會提供更多有關四個F的細節。這些實用工具最後會以簡介我所愛用的谷歌文件（Google Docs）、任務管理軟體，以及其他電腦化解決方法，如何有利協調整合你的生活課題做結。

本書的第二部分轉而談到，我認為對發展家庭大局有所助益的各項數據：睡眠、營養、家長就業的證據，並對這些數據到底能否告訴你，你應該成為「何種類型」的家長，稍做討論。

最後，我會以案例研究的形式，有效率、更深入地解析數據。例如我會以現有的數據來討論不同類型的學校。然後我會用一個討論學校時可能出現的問題案例，對之詳加闡述，按部就班告訴你，如何使用這些數據與企業化家庭的方法，來解決這個問題。就像在「真正的」商學院中所做的案例研究一樣，你不太可能會遇到這個特定問題。但是前事不忘乃後事之師，我們可以從中學習。詳讀一個已經獲得解決的案例，或許是想像自己如何克服難題的最佳方式。

教養這個年齡層的孩子有點令人提心吊膽。我的意思是，教養總是令人提心吊膽，但這個年齡層的孩子有一種在稚齡孩童身上感受不到的、令人為之卻步的感覺。任何失誤——說錯話、做了錯誤的選擇，其後果會讓人感覺糟透了。然而，這時期的教養也有更大的可能性！我們有了一些喘息空間，可以花更多時間來做選擇，**為自己的家庭量身打造適合自己的生活方式**。

就某方面來說，你可以將這視為一種升職，我們現在都成為管理階層了。就像所有的升職一樣，雖然為人長官很好，但有時候我們會希望自己能回到奉命行事的時候。但是我建議大家要迎接升職，不要畏懼。我們可以做到的，而打造企業化家庭對此能有所幫助。

大家會經常告訴你，養兒育女是一份工作（儘管薪資過低，員工經常告訴你他們討厭你，而且你毀了他們的人生）。所以也許現在正是開始把它當做一份正職對待的時候了。

案例應用▼

延遲入學、提早入學、入學年齡

在過去的年代，當你收到入學通知，你就上學去，這通常是在你五歲那年的九月份，在某些學區，或許即將滿五歲也可以。

當然，總會有少數例外。即使在我還小的時候，八月底生日的孩子，有時候會延到隔年才上學，因為家長認為剛滿五歲的孩子，可能會有困難適應。但大抵而言，入學是按規定的時間，沒有太多讓家長選擇或考量的餘地。

現在則不一樣。我們已經進入了「紅背心」（延遲入學）時代。

從歷史觀點來看，「穿紅背心」指的是，被網羅的大學運動員新生（通常是美式足球運動員），延遲一年再開始參與大學體育賽事，以利在往後四年的大學運動生涯中，他們會比同儕更為魁梧健壯。這個名詞並不是為幼兒園大班孩童所打造的，但是這個稱呼已逐漸普及開來。現在有人認為讓孩子延遲一年進入幼兒園大班，讓孩子年齡稍長再入學，應該更有能力面對學校體制。而且這不僅限於夏季出生的孩子。據新聞報導，現在似乎家長有時候對於即使是學年中期出生的孩子，也會考慮延遲入學。

家長為什麼要這樣做？

主要理由似乎是因為父母認為，如果孩子在同年級中年齡稍長些，他們的表現會更好；相反的，如果他們年齡太小，則可能處於劣勢。一個剛滿五歲的孩子和一個幾乎六歲的孩子之間，可能會有相當大的差異。家長擔心的是，如果孩子是學校同儕團體中最年幼的孩子，他們很快就會在學業上有困難和別人並駕齊驅，可能也無法和年齡更大的同學建立社交關係，而這會留下短期與長期的影響。

事實上有相當多的證據顯示，在兒童的運動領域中，相對年齡很重要。在各項青少年和成人運動中，頂尖運動員的生日，更可能落在青少年運動分齡日期的某一邊。[1]例如八月份出生的職業棒球運動員比七月份多許多，因為少棒的分齡日期是八月一日。這個分齡日期代表，如果你在八月一日出生，那麼在分齡規範下的少棒聯盟球隊中，你就是隊上年齡最大的孩子；如果你是七月三十一日出生，那麼你就是年齡最小的孩子。如果你是年齡較大的孩子，你比較高大強壯，也就比較可能（雖然仍然是非常不可能）最終成為大學和職業棒球選手。

但是幼兒園並不是運動聯盟，而且體格高大不必然是成功的關鍵。一般而言，入學時比同儕稍長的孩子，更早接觸到字母、數字、顏色和形狀，的確是事實。在幼兒園越來越重視課業學習的情況下，這類的額外準備可能有所助益；因為當孩子在童年期間逐漸成長，他們也更能維持久坐與集中注意力，這至少在幼兒園的某些環境中會有所幫助。

從網路上讀到的資訊會令人認為，絕大多數的家長都要等孩子八、九歲才讓他們進入幼兒園就讀的這種想法，是情有可原。但真是這樣嗎？

答案就在數據中。一個簡單的觀察方法是，檢視美國一年級學童的年齡如何隨時間而改變。你可以在下圖中觀察得知，這個圖表顯示所有註冊的六歲兒童（虛線），以及註冊就讀一年級及更高年級（實線）的人數。在一九六八年，這兩條線幾乎完全相同，這表示所有六歲的孩子都就讀一年級或更高年級。到了二〇〇三年，只有大約八四%的六歲兒童就讀一年級或更高年級，這表示其中一六%的六歲孩童就讀幼兒園（大班）。[2]我們沒有理由認為這種趨勢不會持續到現在。

換言之，在一九六八年，幾乎所有的孩童都在五歲進入幼兒園大班就讀，然後在六歲進入一

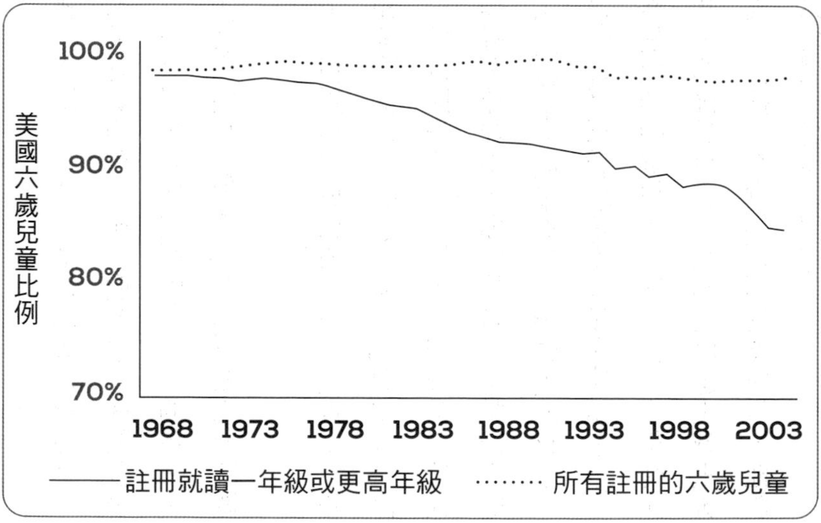

年級。到了二〇〇三年，一六%的孩童六歲才進入幼兒園大班。

這個整體趨勢告訴我們，平均而論，孩童更晚進入幼兒園大班就讀。然而這並沒有完全回答有關延遲入學的問題。某些晚入學的原因是因為學區近年來改變入學的分齡年紀，這表示，即使家長完全按規定行事，孩童在二〇〇三年入學的年齡，比起一九七〇年要晚。

但是藉由使用更精密的數據，我們可以實際觀察到延遲入學的增長態勢。根據二〇一三年在《教育評鑑與政策分析期刊》上的文章，研究人員檢視兩份具有全國代表性的資料，這些資料有兒童出生日期。[3]他們將這些孩子與所居住的州配對，以便比較他們入學日期與所屬學區的規定。

研究人員發現，平均而言，所有孩子中約有四%延遲入學。其中幾乎全部出生於入學分齡界線日期之前三個月內。換句話說，除非孩子會是年齡最小的一群學生，否則父母通常不會這樣做。男孩延遲入學的可能性大約是女孩的兩倍，這與這個年紀的男孩發育得比較慢的一般說法一致。

四%的數字或許看似很少，但是因為這些孩子幾乎全都是在分齡界線日之前三個月出生的，這些數字實際上代表約有一六%在夏天生日的孩童延遲入學。就男孩而言，總樣本數中有五·二%的人延遲入學，而有超過二〇%在夏季生日的男孩延遲一年入學。

此外，這些數字因孩童及其學校的人口統計資料而異。來自高所得家庭的孩子更有可能延遲入學，而高所得學區延遲入學的人數則更多（這或許是因為這些家庭更容易負擔得起托兒費用的現實）。研究人員估計，在某些學區，有高達六〇%夏季生日的孩童延後一年入學。

這個流行率數據可能有助於開始界定這項決定。姑且不論其他因素，光這個數據就告訴我們，如果你的孩子是在分齡界線日期前後出生，這極可能是一個重要的決定。你可能會讀到一些關於別人延後冬天生日孩子就學的趣聞，但這些趣談並不具有代表性。你仍然可以選擇那樣做，不過如果你的孩子在將近七歲才進入幼兒園就讀，他們會在常態以外。

但是如果你孩子的生日真的正好在分齡界線日期的前後，這項數據告訴我們，和你處境相同、審慎考量這個決定的，大有人在。而這項決定很重要！即使這對孩子的長期表現無關緊要，這也會影響到你們家庭的日常生活作息。

如何做決策：四個F策略

延遲入學的決定象徵這段教養期間諸多艱難的選擇。這種困難正是因為有太多變動因素，有太多考量。有數據的因素：我們對入學年齡之於孩子日後成就的影響有何了解？然後還有家庭因素：這與我們家的其他目標如何配合？還有家庭日常生活作息的因素，又或許還有預算的考量。這代表要衡量，比方像，犧牲另項家庭核心價值，來達成這項考量。

四個F策略正是為這類決策而建構的。我將在本書的第2章，對這個策略詳加解說（我會在本書的第三部分，提供更多案例）。但是讓我們首先看看這個策略，在有關入學年齡的問題上所呈現的樣貌。

▲界定問題

或許在這個過程中，最困難的部分就是這個最初的步驟：界定問題。**在你進入任何細節之前，你需要釐清，在你的處境中，問題是什麼**。就目前的選項而言，第一個問題可能就只是「這與我的家庭相關嗎」？

也有其他情況，比如「我的孩子應該擁有手機嗎？」在那種情況下，你必須真正做決定，因為在那種情況，沒有明顯的既定選擇。但這裡有個明確的基本選項：遵照你所在學區規定的入學年齡。關於這個決定的首次對話可能會專注於，是否有理由考慮違反這個既定的規定。

有個關鍵問題是，你孩子的年齡到底多小？生日是八月底，還是五月底？在後者的情況下，你較有可能做出依照既定入學時間的決定。

同等重要的是每天日常生活作息的問題。如果你讓孩子晚一年入學，他這一年要做什麼？有別的托兒方案嗎？這會和你其他就學的孩子，造成就讀年級間隔的考量嗎？如果讓這個孩子晚入學，代表他將會和弟妹就讀同一個年級，這可能就是一個反對的好理由；反之，如果這樣做能避免讓弟妹與兄姐就讀同一個年級，那這可能是一個贊成這種做法的論點。

最後，在這個階段你可能要進行一些審慎調查，來確認你的孩子將要就讀的學校或學區，會接受哪些選項。家長方面，若朋友家中有年齡稍大些的孩子，會大有幫助，這樣你就可以知道某所學校大概的狀況，並且請那些家長對你的想法予以指教。在學校方面，你會發現，有些學校其實會自動讓生日接近分齡界線日期的孩子延遲入學，而其他學校則全然不表贊同；也有一些學校有某些富創意的辦法，例如「銜接型幼兒園」。這些事情在討論你所有選項之前，當然要知道。

第一個F步驟很可能要開個家庭會議，也可能是多次會議。你或許要早早提前召開這場會議，讓你們有時間蒐集所需要的證據，但也不用太早，以至於你們無法收齊所有相關的事實。偶爾會有預產期在夏天的懷孕婦女問我關於延遲入學的問題，這有時候是因為她和另一半（或她自己的媽媽）對這個問題意見相左。你在懷孕期間無法對這個問題做出任何決定，這個問題大多取決於入學時的客觀環境、取決於你的孩子、取決於你的住處。

可能你會發現，其實既定的入學年齡沒問題。不過這第一步驟的結論通常不是最後的決定。你還需要蒐集哪些證據呢？**這個界定問題的過程會告訴你該檢視哪些事情**。然後你就去找答案。

▲查核事實

在幼兒教養決策的世界中，大部分必要的證據都是有數據根據的。哺餵母乳：關於短期與長期的益處，數據究竟怎麼說？如廁訓練：關於何時開始訓練，是否有數據為本的指導原則？

但那種做法在這裡並不那麼正確。在許多情況下，你需要蒐集的證據是數據以外的。例如如果入學時間點的關鍵課題是日程安排，那麼你需要匯整的事實可能是一些校外托兒選項的概要。如果課題是預算，那你需要財務規劃工具。「企業化家庭的工具箱」在此時就非常管用，我將在本書的第3章提及如何使用工具箱的元素，來處理此類問題。

但是通常其中也會有以數據為本的要素，入學年齡的議題也不例外。

數據傳達的訊息

提高入學年齡對孩童而言有益（還是有壞處）嗎？

在得出結論以前，讓我們先弄清楚，自己對這個問題可能會如何作答。一個簡單、直覺的方法可能是，比較五歲入學孩童與六歲入學孩童的某些成果表現（比方說考試成績）。或是更精細一點，你可以在五歲學童之間做比較，檢視那些在五歲三個月到五歲六個月之間入學的學童。

這個方法有一個基本問題。家長是基於對自己孩子的某種了解而選擇入學時間。這表示當你檢視實際就學年齡與孩子的表現時，可能會得出誤導性的答案。

更具體地說，假設學校分齡界線的日期是九月一日，那麼如果某個孩子是八月出生，然後按時入學，他們會是學校裡年齡最小的孩子。

正如之前所討論的，數據顯示，某些家長會選擇延後孩子的入學時間。哪些孩子會延後就學呢？數據告訴我們，較可能是來自擁有較多資源家庭的孩子，然而也可能是，家長更可能延後那些尚未準備就緒的孩子。如果你八月出生的孩子在四歲時就能閱讀流暢，你可能就會送他們上學去。

但是這兩個事實（加上其他或許你自己想得到的事情）意味著，孩子入學的實際年齡，與孩子及其家庭的其他特質有關。

而連帶的影響是，這也意味著，如果我們只檢視孩子入學的實際年齡，並且企圖把它和孩子的表現做連結，我們會很難明白，這是入學年齡的影響，還是在其他方面的差異的影響。

幸好這個問題是有辦法解決的。你不要用孩童實際的入學年齡，而是用他們規定的入學年齡，讓我們繼續以九月一日的入學分齡界線為例。如果孩子在八月一日出生，他們既定的、無延遲入學年齡是五歲一個月；如果他們是一月一日出生，入學年齡則是五歲八個月。由於多數孩童會在一般無延遲的時間入學，所以平均來說，八月出生的孩子，比起一月出生的孩子，會在較小的年紀入學。

藉由比較八月與一月生日的孩子，我們就可以了解入學年齡的影響。沒有錯，有些八月生日的孩子會延遲入學，但是只要八月生日入學孩童的平均入學年齡，小於一月生日入學孩童的平均年齡，這就可以提供有用的訊息。其實，有時你可以讓年齡差異更接近，比方說，比較八月與七月生日的孩子，來獲得關於更小年齡差異的結論。

多數文獻會採取這種方式，用它來檢視各類表現的差異。

讓我們先談最重要的事：有些表現結果必然與入學年齡相關，因為這會影響完成教育的年齡。如果你的孩子晚一年入學，他們會晚一歲完成各個年級的教育。這會有兩個直接影響。第一，這會影響到他們法定完成教育的年限。在美國，孩子十六歲就可以輟學；依據入學年齡的差異，輟學一事的發生時間可能發生在孩子就讀十年級或十一年級時。因為讓孩子晚入學，你留下了一個讓孩子有可能完成較少教育的可能性。

經濟學中最名的論文之一〈接受義務教育會影響教育與收入嗎？〉從數據來檢視這層關係[4]，作者發現，由於生日的時間點而入學時年紀稍長的孩童，平均而言受教育的年限較短，也因此，他們成年後的收入較低。

第二個直接的影響是，當把完成教育多寡維持為不變時，較晚入學的兒童，會較晚開始工作。因此，他們人生早期的收入會比較低。如果你查看他們在二十四歲時的總收入，一個在二十二歲畢業並開始工作的人，會比在二十三歲畢業並開始工作的人總收入要高。然而，這種差異似乎會隨著時間而逐漸消失，快則有可能在三十歲出頭時。[5]

我猜大多數家長在決定入學年齡時，完全沒有思考過上述因素中的任何一點。這或許是恰當的，有鑑於美國的高中畢業率很高，而且入學年齡對收入的影響是暫時的。

另一方面來說，在你的權衡中加入一點這類自發性的考量，也是值得的：例如晚入學代表孩子或許能夠在高中時期早點拿到駕照。這有好有壞，即使這不是當你看著四歲的孩子騎三輪車時，會優先想到的事情，但也還是需要留意一下。

然而，除了這些長期的自發性影響之外，也有關於入學年齡短期影響的資料。這些影響涵蓋了考試成績與學習差異。

為了替後續的討論先做好準備，我們可以從挪威的一項研究開始，這項研究採用出生時間的方法，來檢視入學年齡對考試成績的影響。[6]研究者發現，首先，年紀較小入學的孩子，十八歲時在從軍考試中表現稍佳，有可能是因為他們平均而言，接受教育的時間較長。如果你的目標是在十八歲時獲得最佳的考試成績，這個結果指出，較早入學比較好（一點點）。然而，從反方面來說，他們發現，當你檢視某特定年級的考試成績時，早入學的孩子表現就差多了。在同年級中，年紀較小似乎可預測課業成績較遜色。

這個結論和其他研究人員在涵括眾多地區的許多數據資料所發現的結果一致。平均而言，較早入學的孩子，考試成績比同年級同儕要差。[7]他們也比較可能重讀低年級（幼兒園大班、一年級或二年級）[8]（稍後我會再回到這項事實，並且論述這不見得是壞事，因為這有可能只是反映家長在發現新的資訊後改變了想法）。

考試成績和課業表現是重要的影響，而另一個非常重要的影響，則是對學習障礙的診斷，特別是注意力不足過動症（ADHD）。我們可以在二〇〇九年發表在《人力資源期刊》上的一篇論文中，看到對這方面的詳細證據。[9]這篇論文的作者群彙整了美國多州入學分齡界線日期的資料。他們藉由檢視不同月份出生學童的表現，來研究入學年齡的影響。

論文指出最重要的一點是，入學年齡小一歲，被診斷為注意力不足過動症的機率會增加二・九％。注意力不足過動症診斷的基準率約為四・一％，所以提早入學者是七％。這數字實在是很高。在每一百名入學的孩童中，大約有四名會被診斷出有注意力不足過動症，但在那些年齡很小就入學的孩童中，則是每一百名中有七名。

讓我們來看看如何解讀這項數據。這並不是說，入學年齡較小的孩子，先天上就有較多注意力不足過動症的案例，而是說，他們入學年齡較小的這個事實，代表他們更可能被診斷為注意力不足過動症。每一百個孩子中增加的那三個診斷，是入學年齡所導致的結果；如果這些孩子在年齡較大時入學，我們並不預期他們會被診斷為注意力不足過動症。

其中可能的原因為何呢？要確認事情的機制總是很難，但有一種可能性是，年齡較小的孩子比較無法久坐（這當然為真），而老師（或父母、其他校方人士）很自然地會把這些孩子和同班的其他學生做比較。如果有個孩子是班上年齡最小的孩子，他們無法久坐其實是恰如其齡，但這種情況與年齡較大的同儕相比，就可能被解讀為過動。

研究者也指出，在隨機的情況下，當孩子同年級學生的年齡較大時，孩子較有可能被診斷為有注意力不足過動症。換句話說，即使設定孩子個人的入學年齡，可是如果他們和年齡較大的孩子同班，他們比較可能被認定為有某種學習障礙。這些結論並不是這個研究所獨有；其他使用不同數據資料的論文，也有相同的結果。[10] 這些學習差異的診斷，似乎會持續整個童年。[11]

當然，很重要的是要知道，學習障礙不該是羞恥或背負惡名。及早發現可以帶來更佳、更迅速、更有效的治療。原本或許在小學及往後會不斷遭遇困難的孩子，現在能夠在輔導與藥物的協助下，有超前的表現。這是大好消息！

然而，這些入學年齡的結果令人憂慮，因為它們指出，由入學年齡導致的診斷，是環境造成的結果。如果這些孩子年齡稍長再入學，他們就不會被診斷為注意力不足過動症，而這種過度診斷則是令人憂心的原因。

所以從數據可知，較早入學的孩子（至少在短期內），考試成績較差，並且更容易慣常被診斷為有學習障礙。根據我們對年齡與運動的了解，我們似乎也可以推論，較早入學代表在校內運動表現較不出色。

反過來說，較早入學的孩子在童年所學到的東西較多。如果五歲入學，在八歲的時候，會比六歲入學的孩子知識更豐；也會在更年輕的時候就從高中或大學畢業，更快投入職場。

身為家長，你可能會發現這些數據提供有用的訊息，但並不完整。你可能還有許多其他的問題：孩子在社交方面發展如何？年齡稍長似乎有好有壞。如果孩子年齡較大才入學，有沒有可能他們在學校會真的很無聊呢？

這些研究有賴於能從學校取得的證據，而這在本質上限制了數據可以告訴我們的內容。這並不代表你不應該在決策中把它們列入考量，只是你將沒有確切可靠的數據可以依據。

事實上，這個決策還有其他很多或許必須加入考慮的元素——財務、日常生活作息、孩子的狀況。這個決策也可能會和第1章的選擇有連動作用，你選擇的學校可能就決定了合適的入學年齡。我們會在第本書第三部分再討論選擇學校的問題。

數據告訴我們的重要訊息

- 早入學的好處：幼兒期托育費用較小、較早從高中或大學畢業，進入職場。
- 延遲入學的好處：注意力不足過動症的診斷較少、考試成績較佳。
- 在較多人延遲入學的地區，好處較多；班上年紀最小的孩子（一般而言）似乎麻煩較多。

最後決定

這個標題說明了一切。界定了你需要回答的問題並蒐集證據以後，你必須做決定。如果日程安排或預算是問題，就要具體想清楚，思考一下這與你們家的優先事項有何妨礙。想想我詳細分析的數據如何適用於你孩子身上。

理所當然要就此召開一場家庭會議，而會議的目的就是做出決定。但有時這是做不到的，因為你沒有考慮到的、需要更多研究的想法可能會浮現（如果你有做好蒐集證據的工作，這種情形就不會發生）。

好的，你們聚集開會、討論、做出決定。即使經過這一切審慎思考、蒐集證據、討論，答案可能仍然不夠明確。這是一個複雜的選擇，充滿各種不確定性。在孩子入學前，你永遠無法確知他們對學校的反應，也無法在孩子開始上課之前確知學校的情況究竟如何。這個程序所能給你的不是你做了正確選擇的確信，而是你考慮周到後做出抉擇的信心。

最後這點——在你做出決定時，無法確定那就是正確的選擇——這是阻礙大家正視這些選擇的最大原因。即使投入做決定的過程，你也會陷於有做錯決定的可能中。然而不這般審慎考量你的可能選項，也無助於做出正確決定。

▲後續評估

你的孩子終於上學了——按時入學、早入學或晚入學，無論你的決定為何。可是，且慢！你還不能交差。你必須找個時間，很可能是在上學後的一年，回顧並重新檢視你的決定。如果你決定讓孩子按時入學，而他們在同年級中年紀較小，這件事尤其重要。如果是這種情況，你有機會改變心意，讓他們重讀一年。

這類檢視的重點應該是和孩子的老師討論孩子的表現。他們可能比你更清楚孩子在課堂是否能跟得上，以及是否適合繼續就讀。

最好在孩子就學後頭一、兩年做這類的複檢，而不要等到遇到狀況才做。等到孩子上四、五年級才降級，在社交方面的問題可能比在幼兒園大班時重讀更大。如果你跳過評估的步驟，可能會發現自己後來還是得重新評估，而那時候的選項或許就沒那麼好了。

早期付出越多，能讓你以冷靜的方式做出更佳選擇，讓你更有效地利用時間。在教養上面，這不必然會少花時間，但會更為睿智。

入學年齡只是一個例子，甚至可能不是你必須面對的問題，但這種方法可靈活運用在不同問題上。為了見證這一點，我們會檢視很多範例。但首先，我要先退一步來談談，究竟什麼是企業化家庭的系統呢？

PART

1

家庭工具箱

當我女兒潘妮若碧上三年級時，她的學校決定演出電影《冰雪奇緣》的音樂劇版。所有二到五年級的學生都應邀參與演出。有兩個月的時間，每週三天在放學後排練，之後會加緊排練幾天，加上某週末的演出。她的許多朋友都要參加。

一方面來說，潘妮若碧是否選擇參加，整體而言，並不是很重要。但另一方面來說，這個決定會影響我們接下來幾個月生活的樣貌。例如這表示放學接送計畫會有某些更動，還有晚飯後的作業時間會增加。

沒有一本書可以告訴我們，在這種情況下該怎麼做。即使是最詳細的教養指南，也不會包括「低年級參與音樂劇演出」這個索引條目。為了這個，以及其他為數眾多的決定，**我們需要確立的不是做出什麼決策，而是如何做決策**。

做各種大小決策，是企業常做的事。當你進入商學院時，你努力學習的主要課題之一，就是如何做出優良的決策。其中關鍵的一環，就是**建立良好的決策架構與方法**。雖然不見得是鐵律，但商業決策是經過精心規劃與深思熟慮的。

如果你的家庭想要像企業一般運作，你也需要一個**家庭決策程序**。當一個選項出現時——用餐規矩、使用電子產品的時間、選擇學校、是否參與《冰雪奇緣》音樂劇——你是否已經預立程序，好做出深思熟慮的決策呢？這就是家庭工具箱派上用場的地方。

在以下幾頁所簡述的程序中，**你要先做出某些十分重大的決策，為你的企業化家庭運作**

方式建立一些關鍵架構。這需要一段時間，**然而一旦這些關鍵架構就緒，許多小的決策就會顯得容易**。原則將會決定決策，無需多費唇舌。

然後**你要建立一套架構來決定偶爾出現的中型決定**——入學年齡、夏令營以及音樂劇。**這就是四個F派上用場的地方：**界定問題、查核事實、最後決定、後續評估（我們在《冰雪奇緣》的決策中就運用到，那一年我們沒有參加）。

你可能會發現，如果有更好的協調方式，開始討論日常行程，那事情會容易許多，而非僅在家中的走廊討論事情，或是把事情寫在便利貼上，或是（傑西個人最討厭的）在熄燈就寢時討論。此部分的最後一章，將介紹一些可輔助的基本職場工具，像是谷歌文件。

01 建構「大局」

《與成功有約：高效能人士的七個習慣》（*The 7 Habits of Highly Effective People*）一書的作者柯維（Stephen Covey），在他談論家庭的書中認為，**每個家庭都需要一份「使命宣言」**。這是一份闡明你們家核心價值觀的基礎文件，與一家企業可能會有的使命宣言並無二致。你們家庭的核心價值觀可能帶有宗教色彩，或是闡述「家庭第一」的重點。有些使命宣言可能會寫道：「家庭時間優先，培養懂得思考的孩子」。也許你們家的使命宣言闡明的是讓兒童獨立自主的特殊方法（你們是自由放任型的家長，還是比較像直升機家長的類型呢？）。

你們家應該要有這種使命宣言，但我建議大家可以更有遠見一點，**直接處理這些廣泛優先事項與具體決策之間的連動作用**。當我提及建構家庭大局時，我所談論的是這些整體原則，然而我同時也是在談論認真面對「星期四晚上家常生活的樣貌為何？」

這與企業有相似之處。「創建一個偉大的搜索引擎，不要作惡」，這句話對谷歌來說，可能是一個很好的使命宣言，但這句話並不是如何經營企業的良方。就如同「家庭時間優先，培養懂得思考的孩子」，可能是一個很好的大使命，但它並不能告訴你恰當的就寢時間。**這些日常行程安排的各項細節很重要，因為如果你無法整體考量行程安排，有可能幾乎一不小心就會發現，自己處於一個與原來想像截然不同的處境。**每個單一的選擇，在當下看來似乎無足輕重，但積沙成塔。

我們以生日為例。想像一下，你有三個孩子，都上學了，每個人的班上有二十個孩子。再想像一下，每個班級的每位孩子都有一場生日派對。那就是一年有六十場生日派對。當每封網路邀請函湧入時，你想，「哦，好吧，就只是一場生日派對。」但毫不誇張，你幾乎每個週末都把時間花在孩子的生日派對上。

到了某個程度，你可能會想，「該要適可而止了」，並且拒絕再參加當年的任何一場派對。然而那是你二女兒最要好朋友的生日，而且她絕對得參加。所以又一個週末泡湯了。

就經濟學的說法，你的每個受邀決定都是「邊際」決定。雖然增加每一個邊際的影響很小，但加總起來可能就讓你無法承受。

就整體來看，生日派對是小事情。但是**這種滾雪球的經驗，可能充斥在我們的教養決定中**。你允許一個晚上的課外活動，然後再一個，很快的你每天晚上六點全家共進晚餐畫面就此消失不見。如果全家共進晚餐對你來說是優先考量，那就是個問題了。

我們不該忽視，**在一個家庭中有數個決策者（例如兩位家長）的情況下，不能清楚表達**

這些優先考量，是產生衝突的原因。讓我們假設，孩子在晚上八點半之前上床睡覺對我來說是十分重要的優先考量，而我規劃好了我們家的作息時間，所以只要我在家，每天晚上都會實行。現在想像一下，我因公出差，晚上十點打電話給另一半，得知老大還沒睡，還在看《大英烤焗大賽》。

「你有毛病嗎？」我對著電話大吼。

「這是你的規定，又不是我的。」電話那端反駁說，「你想按照你的方式執行？那你就不要出遠門。」

這裡出了什麼問題呢？也許問題還蠻多的，但其中至少有個問題是，無法就孩子的就寢時間作為優先事項看法一致。如果你家有兩位家長（或更多，例如祖父母）在教養孩子，他們不可避免地在教養上總會略有差異。例如我先生對奉行每日洗澡制度的程度，就遠不如我。由他負責時，洗澡頻率往往稍微不那麼頻繁。但這沒什麼關係，因為雖然我有特定的洗澡制度，但其實對我來說，也不是那麼重要。相較之下，維持固定的就寢時間，對我來說，則是極其重要。然而，除非我們已經仔細討論過，否則傑西怎麼會知道，我對洗澡頻率和就寢時間的感受截然不同呢？

了解到不是每件小事都值得誓死捍衛這一點也很有用。如果你們開始進行討論，結果發現你們當中的某個人，對每件事情都有頑固的偏好，那就沒有太多餘地可以共同解決問題。

一起釐清優先事項，能幫助你們了解哪些事情對你們是真正重要的，並了解所有事情不可能同等重要。

建構企業化家庭的第一個步驟，是勾勒出你們家的使命，然後仔細思考你們家的優先順序、一天生活的樣貌，以及基本日常行程。我要說明的是，你們可以在人生的各個階段思考這件事——在有小孩以前、孩子還在襁褓時、孩子還在學步時，但是**在孩子入學前後，則是仔細重新檢視你們使命宣言的好時機**。一則，一旦孩子上學後，你們將採納一份在往後十二年的時間（或者還更長，如果你們還有其他孩子的話），或多或少必須遵行的日程表。二則，通常在事情比較少的時期，你比較有多餘的心力來思考你們的選擇。

建構過程

建構家庭大局不是只花一個下午就可以完成的活動，隨著孩子年齡增長，你可能需要不只一次重新檢視某些部分。而且你可以有所改變，那也沒關係！把這視為一種指南或是一個起點。

為了幫助讀者，我製作了一個練習本（附在書末）。在接下來的幾頁中，我會討論如何架構某些對話、如何做紀錄。也許你並不需要一個練習本，但我認為這會有所幫助。

有兩個基本步驟。第一，在最廣的層面上，表達並互相校正價值觀與優先事項。第二，**討論更細微的事件：訂定每日行程表，建立一些家庭原則，並分配職責。**

但在你真正開始實行以前，請參閱本書的第二部分，其中有些大數據資料，你或許會想加以參考。當你考量家庭每日行程時，多了解睡眠會有幫助——睡眠對孩子重要嗎？孩子需要多少睡眠？當你考量家長對孩子的參與程度時，你可能會想參考有關家長參與跟孩子的獨立性或在校成績之間關係的證據。關於數據的那幾章不會告訴你如何為家人做這些選擇，但它們或許能提供一些重要的資訊。

步驟一：價值觀與優先事項

在商學院有一門教授談判的課，一個常見的主題是「定錨理論」（Theory of Anchoring）。基本上，談判中的開價「決定」了價格。同樣的道理，可以藉由讓某一個人首先公開陳述其觀點而推翻集體決策。如果我們作為一家企業，試圖對某家公司出價，而第一個發言的人建議為兩千萬美元，若我說自己認為這家公司只值兩百萬美元，我可能會覺得尷尬。然而知道我們意見不同，是很可貴的。一種了解方法是請大家私下寫下自己的估值，然後再同時分享。

我們在這裡會採用類似的方式。從所有教養利害關係人開始，無論是你們家中哪位家庭成員。即使你是一個人教養孩子，這個練習還是會管用，雖然理由或許不盡相同。請每個人拿一張紙（或練習本第一頁的影本），寫下：

- 你們家最主要的家庭使命宣言。什麼都可以，簡單來說就是：你對你們家的主要目標是什麼？
- 你對孩子的三個主要目標（大的人生目標，而不是像「學會拿好筷子」之類的事情，即使你非常想要他們學會拿好筷子）。
- 你自己的三個優先事項。你在意的事情（可以是工作、運動、和朋友碰面）、你想確保自己有時間從事的事情是哪些？
- 在週間，你認為必須要做的三項活動（例如我的活動是：1.和孩子至少共進一次晚餐；2.做點自己個人的事情；3. 哄孩子睡覺。如果我能在同一天辦到這三件事，我就會很高興）。
- 在週末，你認為必須要做的三項活動（例如宗教活動、課外輔導、競技性運動、野外健行、探訪祖父母）。

然後你們互相交換筆記紙，開始討論。

這樣做會有什麼收穫呢？嗯，這要視情況而定。也許你們的想法完全一致，結果就是找到雙方都認可的接觸點（touchpoints），也依此制定你們家的日程表與各項原則。但也可能你們的想法並不契合，也許我理想的週末是競賽性的運動和補習數學，而你是到阿帕拉契山健行、露營。這種事及早知道為妙。

這也可能會披露某些我們在乎並同意，卻與目前行事不符的事情。例如這可能會披露我想成為一名在家的全職家長，而我的另一半或許會認為這是一個好主意，甚至對如何在財務上使之可行有些想法。如果我們之前從來沒有討論過，我可能不知道我的另一半會支持這種想法。或者反過來：也許我一直都待在家裡，但是我真的很想返回職場，卻一直不敢提起。出於以上種種的理由，**在這些討論中保持誠實是很重要的**，即使你認為你的期待並無法實現。

如果你是一個人教養小孩，我仍然認為這是一個有價值的方式，因為在教養的手忙腳亂中，你靜下來反省自己在每個教養時刻真心想實行的事情的機會可能不夠多。

這種對話並沒有明確的終點。可能早在此刻之前，你們就已經開始這種對話了，而且還會持續下去。不過請等到你們覺得雙方想法差不多一致了，再正式讓你們的使命宣言付諸具體實踐。

寫下家庭的目標不會讓你獲得掌控權。掌控權在家庭生活中是一種幻覺——你沒預期的事情常會發生，世事宛如迎面而來的變化球。再多的筆記和計畫，都無法避免這種景況。然而並非所有的事情都是難以預料的，**至少透過釐清我們對家庭的真實期望，就可以避免許多日常的壓力**。

步驟二：細節

本書中的方法著重實用面，因此，雖然我鼓勵你從價值觀與原則入門，但接下來的步驟會直接深入細節。就從日程表開始。這個步驟牽涉到查看週間和週末的行事曆（見書末的練習本），把活動填上。

日程表

請給所有成年的決策者一個行事曆。如果孩子夠大，也給他們一個行事曆。請每個人列出對一週日程安排的建議；大人們，你們也需要列出孩子的日程安排。請注意，這個不是你們的「夢幻日程表」（對我的孩子而言，夢幻日程是：早餐、看電視、午餐、玩電腦遊戲、點心時間、看電影、吃晚餐、睡覺），而是你認為一天應該是什麼樣貌的真實展現。日程表不需要鉅細靡遺，但應該比「吃飯、工作、吃飯、睡覺」要詳細一點。試著徹底想清楚一些細節，例如如果你們在步驟一中同意多數晚上家人要一起共進晚餐，那你們就需要討論出晚餐如何準備（以及由誰準備）。

下面是一個例子，那是一個星期二，我為我和每個孩子排好行程，傑西不在其列。不過我要說明，我們已結婚很久又有相同職業，基本上我們的日程安排是相同的。雖然他晚一個小時起床，也比我不常跑步。

日程表範例

	艾蜜莉	潘妮若碧	芬恩
上午6點	工作／跑步（5點起床）	睡覺	睡覺
上午7點	早餐		
上午8點	學校	學校	學校
上午9點			
上午10點			
上午11點			
中午12點			

	艾蜜莉	潘妮若碧	芬恩
下午1點	學校	學校	學校
下午2點			
下午3點		劇團	安靜時間
下午4點		做作業	保姆時間
下午5點	接潘妮若碧／準備晚餐	休息／自由時間	
下午6點	晚餐／哄孩子睡覺	晚餐／上床睡覺（8:30）	晚餐／上床睡覺
下午7點			睡眠
下午8點	工作	睡眠	
下午9點	休息		
下午10點	睡眠（5點起床）		
下午11點			
午夜12點			
凌晨1-6點			

寫好這些日程表以後，互相比較一下。你們不可能在每件事情上都一致。也許你十歲的孩子認為，回家作業應該是晚飯後的事情，而你很堅持放學後應該立刻做作業。也許你的另一半認為，每週有四個晚上吃外賣是個好主意，而你比較像是每週吃一次外賣的人。

但你們會達成共識的。多數情況下，協調日程表比調適價值觀來得容易，而且你們已經努力獲得了共同價值觀。

一旦你們對每個人的日程安排有共識，就記錄下來。至少要把家庭日程表印出來，保存在某個地方（別以為能信任孩子會保存它們，我正寫到這裡的時候，我的孩子進來告訴我，她幾個星期前弄丟了她的日程表）。如果你決定要做得更徹底一點，也可以考慮把資料輸入到谷歌日曆中（第3章將會介紹使用電腦操作的工具）。

這些日程表不會永遠維持不變。新學年或新學期會帶來新的活動，你們可能至少需要一年一度大規模重新調整，以及也許比這更頻繁地微幅修改。但這些後續的修訂應該比較容易。與這種策略的許多面向一樣，早期所投入的大量努力，晚期會有所回報。

原則

家庭大局的第二個實用元素是一些原則。那是一套家庭的規定，**這些規定比「這是我們家的使命」更為具體，但又足以涵括並適用在經常會出現的決策上**。有些家庭原則可能與日程安排息息相關——例如某個家庭原則可能是「就寢時間：晚上八點」。

原則的目標，其實是將一組共享的價值觀，轉換為一組人人都可實行的共享「規則」。

參考這個例子：十二歲的亞歷珊卓今晚能到朋友家過夜嗎？那是星期三，她想在晚飯後到朋友家，一起做社會科的作業，然後在朋友家過夜。媽咪下班回家；亞歷問珊卓詢問媽咪。媽咪認識這位朋友，知道朋友的父母會要求她們合理的就寢時間。

媽咪說她得和媽媽談談（譯註：此例為同婚家庭）。媽媽六點十分到家，晚餐時間是六點二十。她立刻被問到這個問題，當兩位家長討論時，亞歷珊卓不耐煩地站在一旁。媽媽其實急著上洗手間。所以無論結果如何，每個人最後都感到不高興、不舒服。

另一種情況是，媽咪就答應了。然後媽媽回到家，不可置信沒人徵求她的許可，因為她對週間到朋友家過夜是徹底反對的。無論亞歷珊卓成行與否，那天就在大家的怒氣中結束一天。

以上兩種做法都不是好結果。目前沒有時間對這個事件做冗長的討論，但這並不是一個完全微不足道的決定。這樣說好了，**你們需要一個迅速卻非獨斷的決策方式**。

或是參考這個場景，這是發生在我家的狀況：那是學校剛開學的時候，一天早上，四歲的芬恩決定他不想下樓吃早餐，他想畫畫。他說他不餓。我認為我們應該要求他下樓吃飯，我用瑪芬鬆餅誘惑他，傑西認為應該不要管他。我們莫衷一是。

芬恩終於自己下來了，但是他只剩八分鐘的時間吃早餐，而他想吃貝果。這需要花四分鐘準備。我想告訴他他不能吃貝果，他必須選能快速準備的東西；傑西想讓他自己解決，但最終意識到，花這麼長的時間等待是個失誤。所以結果是我們兩人給了他相互矛盾的建議，最後他很不高興。早餐最後以我們告訴他，他必須停止用餐收場，然後他滿嘴塞滿貝果，匆忙離開餐桌。結果我們上學遲到了。

上述的兩個例子裡，**問題都在於缺乏清晰明確的原則**。但這不是你們的錯！你們以前沒有遇過這類情況。不過你們的確需要有原則。週間到朋友家過夜可以嗎？用餐時的規矩是什麼？如果你們有了原則，這兩種情況就可以輕易解決。

訂定家庭原則應該強調下列問題。其中某些原則你或許可以信手拈來，像是就寢時間規定、可以吃的零食種類，也許還有一些關於是否允許孩子自行外出的規定，如果可自行外出，可離家多遠。

但是這些原則會隨著時間而變動。以芬恩吃早餐為例，當天傑西和我稍後很快討論了一下，並增立一個新的家庭原則，具體規定：孩子必須在七點五分之前下樓，不然有人會帶你下樓。我們不能強迫你吃飯，但是我們會要你下樓來，並且至少坐在餐桌旁。早餐時間在七點二十五分結束。這個規定已經被寫入我們的家庭用餐規定（就列在「不吃碳水化合物零食」的下一條）。

把這些原則想成是一種救急系統，可能會有幫助，在教養實務中等同於急診室的功能。

當病人進入急診室時，他們首先要告知分級護理人員自己的病狀。急診室已經建立了一套系統，他們對每種病症的處理，事先已經建立共識。有人喘不過氣來？立刻全身檢查。有人腳上有傷口？去候診室。這些系統一旦就位，所有醫護人員都清楚分級護理人員會做的指示，而這會使他們的工作更迅速。

當然，這個系統的成功關鍵，是醫院事先花了一些時間，決定急診室的某些一般性原則；這就是讓他們能分派病例的原因。這些原則可能費了一番工夫設立，但它們會帶來好處。

在這裡也是如此。**你一開始會花一些時間來設立指導原則，但爾後許多家中的日常決策，每位家人都可以決定。**

權責

大局的最後一塊拼圖是權責，也就是**明確考量家人中每個人的權責劃分**。我在這裡所說的是重要的、日復一日的家庭事務。不是「誰該負責收拾今天早上留在外面的那些帽子？」而是「誰負責計畫一週的菜單，以及誰負責超市採買？誰做午飯？誰整理孩子的書包？」等。

請查看本書最後的練習，上面建議寫下主要的家庭活動，衡量活動所需時間，並分配時間。我要說明我並不是第一個提出這類方法的人，羅德斯基（Eve Rodsky）的著作《公平遊戲》（*Fair Play*，暫譯）對劃分配偶權責的系統，有一個更詳細的版本。

還有，**這種權責分配應該包括孩子**。第7章會談到更多關於教養孩子的方法，因此我會建議你先參閱該章來做準備。或許你決定你們的養育方式，是不要讓孩子負責許多家庭事務，但如果你決定讓孩子承擔部分家務，那麼在這個權責分配的階段，就是讓他們參與的時機。

實際的做法取決於孩子的年齡。九歲的孩子可能已經大到可以負責打包午餐的責任了，五歲的孩子則還不夠大。但也許五歲的孩子已經能負責把午餐放進自己的書包裡。隨著孩子的成長、權責的變化，以及父母在家庭外的工作可能有更動，這類權責分配應該偶爾重新檢討，或許和檢視家庭日程表的頻率相類似。

制定指導原則和分配權責，是家庭分工的方法。運作得宜的話，應該會讓每個人有能力自行負責所分派的工作。這代表**其他人不要干涉**，因為他們是在執行自己的任務。如果你是負責多數家務的人，分配工作給家中其他成員，聽起來似乎不錯。但這件事說的比做的容易。

回想一下前言提到關於你的另一半幫孩子準備參加夏令營時，你對他進行微管理的例子。現在將此例引伸到孩子自己帶午餐。你告訴他們，帶午餐是他們的工作（分配職務），而你們已經建立關於午餐內容（蔬菜、水果、主菜、甜點）的基本原則。

看著你那十歲的孩子每天吃一模一樣的食物，可能會讓你受不了。你可能會認為那些番茄撒上一點鹽巴會更可口；也許你也不會把那個軟堅果棒放在塑膠袋裡，那會讓它融掉。但是我要一而再、再而三地強調：請閉上尊口。

02 四個F

建構大局並設立原則很費工夫，然而完成以後，你就可以一路暢行。家裡的飲食規定已經到位，孩子就寢的計畫也安排好了，而且原則上，每個人都可以自行做出各種決定。直到突然間，你們面對一個重大的選擇。要選擇就讀哪所學校、什麼時候開始上學、課外活動該多投入、過夜夏令營、令人擔心的手機等。

從好的方面來說，具有如此重要性的決定不會常常出現，或許每年一、兩次。你可以在某種程度上，藉由這些決定對你們生活的影響來判別。你的選擇是否會影到響每天的生活（參加經常出賽的排球校隊，而學校離家要四十五分鐘車程）？你的選擇是每天都會經歷的事情嗎（像手機）？這些是可運用四F的典型決策。當你面對這類決策時，需要多下工夫。你無法靠簡短的電子郵件往返來做決定；你需要多花點時間，多加考量。

困難的原因何在呢？其中一點，是這類決定要考慮的因素很多。讓我們思考一個在某種程度上看似簡單的決定，例如「我的孩子應該去踢跨區足球嗎？」想對此做出正確的決定，需要考慮你們家的日程安排、對其他孩子的影響（他們每天的日程表、與家長相處的時間）、對睡眠和用餐時間的影響、參加的好處（可能未來能成為美國職業足球聯盟的球員嗎？大學的獎學金？運動？團隊運動的價值？）以及代價（放棄做其他事情的機會？腦震盪？）。你一定能想到一些我想不到、卻是你們家特有的其他因素。

第二個問題是，這些決定發生的時間點，基本上是不可預測的。沒錯，有些決定你知道是一定要做的——選擇學校、入學年齡，可能還有課外活動。但是，這類決定多數會在無預警的情況下突然出現。我早就知道，在某個時候，潘妮若碧可能會想參加過夜夏令營。然而當她在三年級的冬季，認真提出隔年夏天想參加夏令營的問題時，我其實毫無頭緒。

即使有許多前人的例子，但對你們家而言是獨特的經驗，因為孩子們各有不同。有些時候你至少可以或多或少參照前人的數據來做選擇（類似這樣的數據是本書第三部分的重點），但是這類數據（如果真有數據的話）很難提供你要的答案。這些數據可能會強化或反駁你的考量，無法告訴你真正的做法。

從事這些重大決策的重點，並不在於從別人的決定或數據中找到答案，而是在於採取恰當的方式來做決定。失敗決策的一項指標，是根據一次次的對話，在不同的選項之間猶疑不決。考量到這種原因，營運良好的企業面對重大決策時，會制定一個架構來裁決。你的企業化家庭也需要一個架構來做決定，所以我們提出四個F的架構。

四個F

界定問題

四個F從界定問題開始。**你要做的真正決定是什麼？亦即你所需回答的問題是什麼？**在本書開頭所舉的例子裡，該問的問題是：「我是否應該讓比同年級同學年紀小的孩子，晚一年入學？」有些問題比其他問題更容易界定；有時候，你們家所面對的問題——你們所擁有的選項，會有點獨樹一格。

設定問題，然後計畫召開第一場會議，所有相關的成人，加上（也許在某些狀況下）相關的孩子，都可以討論這項決定。會議目標應該在於倡言一切可能的議題，包括日程安排、代價、好處、風險、令人擔心或令人興奮的部分。

你們可能不會在這場會議後就做出決定，因為你們可能需要針對此問題蒐集更多資料。目標是在會議結束前，決定需要蒐集哪些資料。找出如何獲取這些資訊的方法（下一章會說明更多蒐集資料的相關工具），分配職責，然後訂下後續會議的日期。

查核事實

蒐集你所需要的證據。這包括哪些事項呢？有關複雜的日程安排的決策，我們家很有效的一個做法，是在一份模擬行事曆填上活動，再加以查看。你有沒有辦法把這個決定對家庭日程表的影響，具體詳盡地寫出來呢？

如果有相關的資訊，盡量蒐集好。這可能包括已發表的論文（例如你的孩子想參與的運動是否和嚴重的腦震盪風險有關？），這就是大量資料會派上用場的地方。本書第三部分試著整理出一些常用的數據資料；並非所有的資料都會對你有幫助，但是我盡量涵蓋家長會遇到的重大課題。

查核事實可能也會牽涉到在你們特定環境中所特有的訊息。例如如果你正在決定是否讓孩子延遲入學，了解這種情況在你們這所學校或學區的普遍程度，可能會有幫助。而這是你可以直接查詢到的資訊。

你或許需要詢問別人。我總是覺得這是最難的部分（我真的很討厭講電話），但是當我們考慮課外活動、夏令營或選擇學校時，向已經從事過某項活動或就讀那所學校的孩子家長請益，是很有用的。別的不提，你起碼可以很好地了解這些家庭是否和你們有共同的價值觀，以及你是否認為自己的孩子能融入其中。這就是朋友有稍大一點孩子的一項好處。

這個過程最好應該是互動式的。你蒐集到某些證據，必要時，與他人分享這些訊息，然後考慮其他可能還需要蒐集的資訊。在後續會議之前，你應該已經蒐集好所需的資訊。

最後決定

你必須做出決定。這可能需要再開一次家庭會議，或許不只一次（雖然希望不會如此）。這或許比你所想的還難，因為的確很難抉擇（否則就不需要有這個繁複的過程）。但是如今你手中握有所需要的資訊，所以問題只在於你的期望。規劃好在這次會議結束前要獲得決議，並且規劃好後續的追蹤計畫。

你無法確保你所做的就是正確的選擇，然而這一切並不是為了確保你的選擇是正確的——那是不可能的！你所能辦到的，是**確保你經過深思熟慮之後做出選擇**。至於這個選擇是否正確，則有待日後揭曉，這也是第四個F的功用。

後續追蹤

這個步驟最不顯著，卻可能是最重要的步驟。你需要有一個具體的計畫來**審查你做出的**

決定。假設你們決定讓孩子參加跨區足球隊，在球季結束後，要安排時間來討論得失。不要只因為今年參加了，所以就決定明年還要參加！要實實在在從各種角度來衡量：參與的得失？值得參與嗎？如果再度參加，有沒有你想改變的地方呢？

在任何決策過程中，都會有滯後現象（hysteresis）——你只想繼續你目前的行徑。然而經過一段時間，新的資訊可能會出現，甚至一定會出現。讓這些新資訊幫助你。不要等到六年後才恍然大悟，意識到自己浪費了數千個小時，開車到各個城鎮為足球征戰，卻沒有人樂在其中。

實際考量

實施四個F的決策方法，不是一朝一夕的事情，而你們的系統可能看起來與我所描述的不盡相同。也許在查核事實的階段，你們希望多開幾次會。你或許更加喜歡或更不喜歡讓孩子參與其中。你或許更希望透過電話，和孩子的祖父母或其他可信賴的人，討論多數的決定。

然而，這裡所要建立的核心觀念是，**這些決定應該要審慎為之**，應該要有某種執行的過程。你應該為這些決定保留充裕的時間，來做出經過深思熟慮的決定。但是反過來說，你也不應該把所有的注意力，都灌注在這些決定上。當出現這類重大選擇時，我們很容易讓這些思考占據全部的心思。你洗澡的時候想著這些選擇、上班的路上也想，和另一半的所有對話也都在談論這些選擇。

這種不間斷的思慮顯然沒有幫助。**對這些決策採用結構化的策略，可以讓你投注特定時間來做決定，而不至於讓它們盤踞你的整個心思。**

當你真的實行這種方法時，某些工具會很管用。具體來說就是任務管理系統，或是共享文件之類的工具。谷歌文件不能取代優良的決策，但是它可以幫助你後續追蹤。所以，我們現在就來談談這些工具。

03 效率新境界

我承認，我是谷歌表單的擁護者，我經常使用它。在我寫本章節的時候，我同意負責一個大型的大學委員會，那天晚上我躺在床上想了兩個小時，計畫要送出哪些谷歌表單。那不僅是表格而已。我對工作流程的組織計畫，通常抱持高度自信（作為本書的讀者，你應該期望我會有這種自信）。在工作中，我使用兩種不同的工作管理程式。**我有大量的谷歌共享表單與文件檔案，並且例行式地盡量追蹤所有事情的進度。**

我得來不易的教訓是，工作流程無法取代優質的決策。如果你們對基本原則不同調，那麼再多的谷歌表單也無法幫你們解決難題。然而毫無疑問的，至少在某些工作場合，引進更好的後續追蹤與組織計畫的方法，會有幫助。

這個道理在家庭中也適用。沒有道理說你不能採用一些職場的基本工具，讓你的家庭運作更順暢。這些工具將有利於幫助在第2章中所討論的決策機制，且這些工具本身也能對你的家庭有用處。

回想決定參加夏令營的例子。我們很多人在安排暑假時所糾結的一個問題就是，要記得在夏令營開放報名時立刻登記。這通常是在二月份的某個時候。然而，每年你都得記住這些報名日期。

對我們許多人來說，這些訊息一直盤據在腦中的某個角落，等著在二月十七日凌晨兩點，讓我們在一陣驚慌失措中急著跳下床來：萬一錯過報名時間怎麼辦呢？

即使你沒錯過報名時間，你可能也幾乎差點錯過。而現在你必須在接下來的四天裡，忙著與你的另一半，或許也要和祖父母以及另外兩家的家長（你的孩子非得要和朋友一起參加美術營），商量夏令營事宜，還有其他沒完沒了的各種事情。雪上加霜的是，這四天也許你還有要事待辦。沒有人喜歡在兼顧一系列重要電話會議之際，還要汲汲於查看「攀繩探險夏令營」每個星期從事哪些活動。

如果你能在一月份，當你有較多時日來做決定時就辦好這件事，你會從容許多。在這裡，較多天數可以讓你氣定神閒，也可以讓你能夠用比較不慌不忙的方式，把計畫排入你的行事曆。

但是何必要讓大腦勞神保存這些資訊呢？你的腦袋很忙。然而，你的電腦很樂意為你記憶日期，電腦一點也不忙的。想像一下，與其讓你的大腦在二月十七日慌忙在睡夢中叫醒你，不如讓你的電子郵件在一月十五日送出一個報名夏令營的提醒。

理想的狀況是，這項提醒會呈現在你的專案管理軟體中，成為一項任務。也許它的標題是「預訂孩子的夏令營」，並且已經與去年的同一項任務做了連結。你點進去看看去年你的紀錄，這樣馬上就提供了一些背景資料。在任務概要中還有一個註記，是有關大女兒學校籌劃校外教學的說明，以及小女兒要求和朋友一起參加為期兩週的網球訓練營事宜。

額外的時日很有幫助，專案管理軟體也是。你可以和另一半在有空的時間，透過軟體互動，而不必傳送一堆緊張、毫無計畫的電子郵件和訊息。等到夏令營報名日期到來時，你已經計畫好能互相配合的時間表，十分容易執行。你訂好夏令營，也許你分配任務給另一半，請他把孩子的夏令營計畫填入他們的谷歌行事曆。到了三月初，你已經準備就緒。

從某種意義上說，實行如此繁複的程序，似乎有點誇張。說真的，相較於用兩天時間慌亂搞定夏令營，這樣做真的有比較節省時間嗎？這種直覺可能是對的：這樣做或許不會節省時間。但**這樣做的確讓你能夠有效運用時間，做出更好的決定**。透過給自己更多時日，你可以在自己選擇的時間做這件事。你可能在職場任務中理解這個道理，但在家中卻不一定有此體會。

如果你和另一半一起合作，這個方法也可能意味著兩人之間的衝突會少一點。像這樣編排任務，可以讓你們分擔工作（至少分擔一點），萬一真的必須在不湊巧的時刻急急忙忙解決問題，這樣做也可以減少嫌隙發生。

使用這些工具也會幫助你掌握四個F的程序。以企業為本的工具箱，提供了一種自然的方式，來追蹤決策、進行討論，並且留意任何你們所訂定的家庭政策。

這個工具箱中的工具究竟有哪些呢？工具很多，但以下工具或許是你會想多加了解的。

專案管理軟體

廣義來說，這是指一套軟體產品（多數是線上軟體，有某些版本是免費的），這套軟體能讓你和團隊一起管理專案。你可以在它的程式中建立一個專案，在專案中分派任務，並對任務進行追蹤與評論。任務可以設截止日期，可以有子任務，你也可以隨時視需要重新分配任務。

這種系統整合有效率的追蹤與提醒，一切有關待辦事項與負責人的資訊都一覽無遺。對於我家來說，一個很大的好處是，它會把關於某項任務的所有相關意見放在同一個帖子當中。如果你試著用電子郵件做相同的事情，很可能每次發生某些事情時，就會產生一個新的電子郵件（這讓傑西很受不了）。然而事後你不會被提醒有關之前的討論，所以到頭來你得搜尋過往的電子郵件，查看你們之前決定事項的內容。

專案管理軟體對於管理具體、但稍微冗長的任務最有用處。報名夏令營就是一個很好的例子，或是確認課後活動的時間表。我們家也利用它做平常的提醒，像是檢查孩子的衣物，確定衣服不會過小，以及其他家庭事務（最值得一提的是在我們進行房屋整修時）。

有一些專案管理軟體平台的選項可加以利用，企業所使用的許多軟體程式，也可能適用於你們家。我們家使用的是Asana，我在工作上則使用Jira，有些家庭愛用Trello。還有各式各樣針對家庭的任務管理應用程式。我個人的想法是，你不妨傾全力讓家庭企業化，而家庭導向的應用程式可能是個起點。

共享行事曆

如果你看見我谷歌行事曆的樣子，一定會覺得真是亂七八糟。我的行程用的是藍色，潘妮若碧的用紅色，芬恩是紫色，傑西是暗粉紅色，保姆則是橘色。其中還穿插了一些不同色系的其他工作行程（研討會或午餐）。但是你很快就能學會辨識，而且所有的行程資訊能匯整在同一個地方，真是太棒了。

有共用的孩子行事曆與保姆行事曆的好處是，我們所有人（我、傑西、保姆）都能很快看出孩子要上學和不必上學的日子。這表示當我們調整保姆的時間表時（因為學校有太多休假日），我知道保姆可以在她的行事曆上看到。而當我查看週末的活動時，我也不必牢記足球季何時開始——日期就在行事曆上。

配偶間共用行事曆對我們來說也很有價值，雖然對某些人來說，這對日程安排可能會更為複雜，尤其是如果其中一方的工作行事曆涉及隱私。這種共用行事曆的好處在於，無需當面討論就能夠彼此協調。

舉例來說，保姆寫電子郵件詢問，她是否可以在她生日前後請一天假。我看了自己當天的行事曆，知道那個時間我有空，只有在下班前的一個小時要開會。因為我也可以看到傑西的行事曆，我知道他在那個小時是有空的。我就告訴保姆她可以請假，然後寄了一個行事曆邀請函給傑西，請他在那個時段幫忙看小孩。這樣就免去一場對話，或者說，省下了時間，之後可以用來談些更有意思的話題。

谷歌文件

能夠在家人之間共享文件檔案很有用處。例如家庭旅遊打包行李的項目就可以放在這裡，或是家長與老師會談的討論事項、看小兒科醫生和家庭諮商師諮詢的內容。當潘妮若碧就讀小學三年級時，我利用谷歌文件做了她生平第一次會議的議程表（討論放學後的時間安排）。

當我寫到本章時，重新查閱我們谷歌檔案夾裡的舊資料，找到一份潘妮若碧三歲拜訪祖父母時，傑西和他們分享的文件檔案，其中條列了一些和她相處的原則，我保證這個文件很受用（才怪）——大家都知道祖父母有多討厭別人對他們下指導棋！

谷歌文件簡單且具彈性，很容易使用與共享，是個理想的選擇。

其他應用程式

許多家庭中都會用到行事曆、文件檔案與任務分配。但是當你檢視自己的需求時，你或許會發現，有些特定的壓力來源，可以採用更有針對性的方法。對我們家來說，壓力之一就是計畫菜單。因為種種原因，我發現對我來說，在星期四花二十分鐘計畫下一週的晚餐就很有幫助。我試過用谷歌文件來規劃菜單，但是最後我發現，附有內建食譜功能的菜單規劃應用程式更為好用。

有各式各樣類似這樣的應用程式，可用來計畫旅遊、運動，甚至處理監護權探訪日期。問題只在於你有什麼需求。

不受限於教養課題

本書的重點是教養。這裡介紹的許多工具，很適合這個特別強調日程安排的教養階段。但是如果我沒提及許多其他型態的家務運作也可以借助相同的工具，那就是我的疏忽了。

例如當傑西和我買房子時，我們使用Asana來記錄買房子過程的細節，後來，我們也用它來記錄房屋整修的過程。我們用谷歌文件把我們想看的電影列表（那個名單都是漫威超級英雄的電影；我其實不喜歡那些電影，所以電影名單越來越長，可是我們一部也沒看過）。我使用的那些菜單規劃應用程式，即使我們沒有小孩，也會很有幫助。

這些工具也有助於家庭與家庭之間的協調。我之前開玩笑說，傑西給孩子的祖父母寫了指導文件，而祖父母不把它當一回事。但是我們曾經成功使用共享行事曆，來協調祖父母來訪，也使用谷歌文件和他們分享訊息。從最廣的角度來說，這些過程讓我們彼此分攤負擔。對某些人來說，可能會選擇一直把所有家務與家人的資料記在腦子裡。但即使我們都記得住一切，那也很沒效率，萬一壞事了，則會產生怒氣與怨懟。所以讓電腦為你效勞吧。電腦不會感到倦怠，它有充足的記憶體，而且如果你真的忘記某些事情，電腦也不會對你被動攻擊。

PART

2

大數據

企業化家庭策略的核心，是整體的家庭結構與一套決策過程。任何重大的家庭決策都要納入充分的資訊。你們的核心價值觀、來自財務或其他狀況的限制、你們的愛好、你們家的優先事務考量，這些都很重要。

這些事項可能是你們家特有的。而你們需要家庭決策過程的部分原因，正是因為所有的家庭都各有其不同之處，你不可能期待別人的決定一定適合你們家。然而，**在這些眾多決策的背後，至少要有數據作為基礎**。

了解這些主題的數據資料，是做出良好決策的一項重要參考資訊。當你考慮孩子的就寢時間時，你希望自己能熟悉有關睡眠的數據。當你考量家人的飲食模式時，你或許要知道關於「家人共進晚餐」是否真有那麼特殊的證據。**當家人意見相左時，針對這些主題的證據能夠提供一個共同接觸點，而且它們可能會引導你們重新設定不同的優先考量**。需要說明的是，數據並不總是（其實數據很少）能夠替你做決定，然而數據可以讓你比較容易做出決定。

在本書中，我把數據區分為兩組。第一組是一些常見的數據，這些數據可以幫助你為你們家打造「大局」。這包括有關睡眠、飲食、家長就業與否的證據，以及關於教養哲學的一些（少量的）證據。這些主題都會在此部分討論到，而且我建議你，**在試著統整你們家的大局之前，先讀過這些資訊**。這裡面有一些很有意思的資訊！並非所有的內容都會和你們家相關，但是這些資訊或許能幫助你架構出家人間頗具宏觀的對話。

第二組是一些比較特定的數據，數據所針對的對象是一些特定的重大決定，這些決定對很多家庭來說都是經常會碰到的。這包括有關學校和回家作業、運動，以及社會情緒發展的數據，我會把些數據放在本書的第三部分。

04 睡眠

在二年級升三年級的暑假，潘妮若碧表現出想多了解大腦知識的興趣。就典型學術圈家長的風氣，我認定這表示我們應該找一本高中程度的大腦知識書籍，從頭到尾好好研讀。這次的經驗有好有壞，雖然我們真的用絨毛鐵絲棒做出一個很棒的神經元。就那本書的實際內容而言，對我來說，最有趣的主題就是睡眠。所有的動物都會睡覺，或是會有某種像睡眠般的休息狀態。某些海洋生物（例如海豚）讓自己大腦的一側保持清醒，另一側睡覺，因為這樣它們就可以一邊休息，一邊繼續游泳，跟隨群體，偵測獵食者。但是如果你多加思考，這就有點出人意料：睡眠似乎是極其違反適應法則的。在一個其他動物想要獵食你的世界裡（讓我們面對現實，那也是多數動物目前生存的世界，而如果你現在正在閱讀本書，表示你的祖先過去存活下來了），卻花很長的時間處於昏睡狀態，那真是很奇怪啊。在面對不可睡著的進化壓力時，睡眠卻仍然繼續存在的這個事實，說明了睡眠一定是真的非常重要。而睡眠的確重要！如果一直不睡覺，老鼠會在二到三週後死亡，即使牠們獲得了良好的餵食與照顧（在此謹向大腦教科書致謝）。

但問題是，我們真的不知道為什麼睡眠如此重要。睡眠似乎對於穩固記憶很重要，近來的研究推測，大腦需要休息時間來「清除」某些廢物。某些理論認為，每天晚上睡覺時，大腦在白天所蒐集的資訊，會重新組織，以便日後被善加運用。但這多半是直覺的說法，為什麼我們需要睡眠來組織資訊，卻並不是十分明確。

我們確知的是，缺乏睡眠人們就無法正常運作，或是根本完全無法運作。我們從睡眠實驗室的研究認識到，睡眠不足的成人，在各項腦力測試上表現不佳，這些測試包括注意力、記憶力與認知能力。[1]而且不只是睡眠的時數，睡眠的品質也很重要。研究人員除了躺床時間，通常還會測量睡眠效率。甚至，各種睡眠障礙（例如睡眠呼吸中止症），或低品質的睡眠環境（睡在地上、開燈睡覺），也會降低睡眠效率。

就和成年人一樣，孩子需要睡眠，而且一般來說，我們通常認為孩子需要更多睡眠時間。[2]我稍後會更深入討論我們對睡眠時數的認知，但正式的建議是，**四歲到十三歲之間的孩子，每晚需要九到十一個小時的睡眠**。如果你的孩子必須在早上六點起床上學，這表示他們應該在晚上七點到九點之間睡覺。坦白說，面對回家作業、運動練習、晚餐，以及少許的家庭時間，要在那個時間上床睡覺可能有困難。

優先考慮睡眠時間的決定，會左右（或者至少會影響）許多關於孩子和你們家日程安排的取決，所以值得稍微探究一下科學說法。睡眠到底對孩子有多麼重要呢？孩子需要多少睡眠，以及如果沒有睡飽會有何後果？單憑這個資訊可能無法告訴你如何安排作息，但這是做出許多日程表選擇的關鍵數據之一。

睡眠對孩子重要嗎？

是的，睡眠對孩子很重要。

作為睡眠時間重要性的第一筆證據，我們可以檢視睡眠時數、日間嗜睡、兒童各類表現結果之間相關性的研究。有個值得一提的例子來自對羅德島四個學區中，約三千名高中生的問卷調查。[3]參與者被問到他們的睡眠習慣，包括就寢時間、起床時間、比較週間與週末的睡眠時數等。

研究者發現，睡眠時間與學業成績相關。成績較差的孩子睡得比較少，比較晚睡，並且有較多「週末超睡」的情形（他們週末的睡眠時間，比週間睡眠時間超過很多，這是疲倦的信號）。研究者還發現，睡眠不足的孩子說自己白天比較累，而且有比較多憂鬱症的案例。

這只是一個單一的研究（雖然算是比較大型的研究），但是它的研究結果與許多其他論文一致。二〇一〇年發表的一篇論文，總結了對將近兩萬名兒童所進行的十七項研究的結果，發現睡眠時數較少、睡眠品質較差、嗜睡，都和學校成績表現不佳有關。[4]

在這個研究中，最大相關性出現在白天嗜睡與在校成績表現之間，這項關聯比實際睡眠時數更為重要。這種差異性也出現在其他論文中。以韓國青少年為樣本的數據顯示，睡眠時數長短本身無法預測學業成績，但是孩子是否嗜睡則可以。[5]另一篇關於以色列孩子的研究顯示，孩子的睡眠品質比躺床時間更為關鍵。[6]

孩子的必要睡眠時數也許因人而異。所以重要的或許不是絕對的睡眠時數，而是**你的孩子所獲得的睡眠時數，是否足以滿足孩子自己的特別需求**。

這個證據（加上有關睡眠重要性的整體證據）會引起我們其他的聯想。如果你是懂得科學研究的人士，你可能會開始懷疑，這種關聯是否真的存在因果關係。睡眠不足或嗜睡，是否真的會導致學業成績較差，還是兩者只是有相關性？或許另有其他因素（例如貧窮），造成較差的睡眠品質，同時也導致較差的課業成績。

為了徹底釐清這點，我們可以找出實驗數據。許多成人或大學生的睡眠研究，依賴極端化的操縱——讓參與者徹夜不眠，好檢視他們在測試中的表現結果（他們的表現較差，卻自認為表現較佳）。[7]但這樣做對孩子來說不甚道德，所以只能透過小幅改變睡眠時間來進行實驗。我們可以看看一個來自加拿大很好的例子。

這個研究選擇三十二名八到十二歲的兒童，進行三週的追蹤研究。[8]在第一週，研究人員告訴孩子像平常一樣睡眠。第二週，他們告訴孩子每人增加一小時的睡眠（長睡眠時間），或是減少一小時的睡眠（短睡眠時間），為期四天。第三週，上週長睡眠與短睡眠時間交換。每週結束前，研究人員請孩子與家長到實驗室，對孩子進行多項認知測驗，並且詢問家長孩子的行為、嗜睡狀況等問題。

值得一提的是，這種操作看似微不足道——加減各只有一小時。我敢打賭，我們的孩子中，多數人的就寢時間會略有變化；即使是最嚴格規定的就寢時間，也可以找到一點彈性。所以你可能會有一種直覺反應，認為一小時的睡眠時間無關緊要。然而，根據數據，一小時的睡眠的確重要。研究人員發現，在孩子的短睡眠週，他們在工作記憶和數學熟練度的測驗中表現較差；家長也說孩子的注意力較為低落，情緒調節能力較差。

一項具有相同基本架構（睡眠時間長短的短暫變化）的較早期研究，也在以色列四到六年級的學生中，發現類似的負面結果。[9] 而一項不同類型的實驗，參與者為年齡較小的兒童，這個實驗圍繞在一項旨在改善睡眠習慣的課程。[10] 此研究發現，睡眠教育——讓參與的家庭知道睡眠很重要，並提供一些改善孩子睡眠的工具——能提升睡眠時數，並改善課業成績。

這些結果顯示睡眠很重要，即使在一般的睡眠時間內也是如此。不過這些研究通常規模不大，而且實驗經費頗高。因而試圖分析這個問題的研究人員，嘗試過一些頗具創意的策略來分析數據。在他們的嘗試中發現有個非常有效用的變數來源：上學時間。

這個方法能奏效是因為，當學校較早上課，孩子通常睡眠時間就會較少。雖然較早的上學時間搭配較早的就寢時間，就能夠維持睡眠時數。但實際上，孩子與其家人似乎並不會因應較早的上學時間，而改變就寢時間。這表示居住在上學時間較早學區的孩子，睡眠時間較少。研究者於是藉由上學時間的變化，來研究睡眠時數的影響。

一個代表性的例子是二〇一七年的一篇論文，這篇論文研究一個大型學區的八年級學生。[11]有些孩子早早在七點二十分就開始上課，有些孩子則遲至八點十分才開始上課。研究者蒐集了將近兩萬七千名兒童的數據，詢問他們有關睡眠時數與成績的問題。研究發現，比起學區上課時間較晚的孩子，上課時間較早學校的孩子，睡眠時間較少，成績也較差。

這個基本模式在其他研究中也得到呼應。[12]一個特別好的例子來自一所高中寄宿學校，這所學校把上課時間從上午八點改成八點半。[13]上課時間的改變，增加了學生的睡眠時間。事實上，不只是上課時間的改變增加了學生的睡眠時間，也因為孩子們開始更早上床睡覺（作者引述了某些學生的說法，說是當他們意識到睡眠時間很重要，他們就想多睡一點）。在學生種種自述中提到，白天嗜睡、上課打瞌睡、需要小憩都大幅減少。學校保健室報告說，白天需要在保健室小睡的孩子減少了。老師也說，上課遲到的學生人數減少了。

這所學校改變上課時間原本只是作為一個短期實驗，而且其實老師們非常排斥，因為這表示上課時間會縮短（因為體育活動的排程，所以下課時間無法延長）。不過最後，改變上課時間取得重大成功，所以學校維持晚一點的上課時間。研究中引用了一位老師的說法，他說這是他在校多年來最棒的改變。[14]

而且不只是成績與在校表現，維吉尼亞州學校上課時間差異的研究顯示，高中上課時間較晚學區的汽車肇事率較低。[15]

這些研究通常著重於高中生，雖然對國中生也有一些研究。[16]我的看法是，這不應該表示，睡眠對年紀較小的孩子來說，比較不重要；事實上，睡眠對年紀小的孩子可能更為重要。不同之處在於，當起床時間較早，年齡較小的孩子可能比較容易適應較早的就寢時間，所以他們睡眠時間受到的影響也比較小。

這是支持睡眠很重要的諸多證據。如果你的孩子睡眠不足，他們上學時會很疲倦、需要小睡、比較無法集中注意力，而且有時候會變成一個討厭鬼。從孩子年幼時的經驗，你應該就很熟悉這一點，特別是當他們漸漸不再固定午睡時。大一點的孩子可能會有不同的發洩方式（比較不會亂扔玩具卡車，但比較常告訴你，他們討厭你），不過基本原則是一樣的。

有一個該問的後續問題：多少睡眠才夠呢？

恰當的睡眠時間

二〇一五年，美國國家睡眠基金會召集了十八位專家，來審查有關睡眠的證據，同時處理「一般人需要多少睡眠，以及睡眠時間如何因年齡而變化」的問題。他們認為學齡前兒童每晚需要十到十三小時的睡眠，學齡兒童需要九到十一小時，而青少年則需要八到十小時。[17]

這比大多數孩子的睡眠時間還要多。雖然很難確切知道孩子睡了幾小時，但仔細監測睡眠的研究指出，學齡兒童每晚睡眠時間約為八小時。[18]這似乎已經隨著年代而減少，從一九〇五年至今，減少了大約一小時左右。[19]

但有別於大多數睡眠重要性的證據（這些證據我覺得很有說服力），關於多少睡眠時數才恰當的數據，就沒有定論。光看建議的睡眠時數範圍——例如學齡兒童是九到十一小時——就太寬了。國家睡眠基金會對這個平均時數建議予以聲明說，少至七小時，或多至十二小時都是恰當的。這個範圍太大了！

這似乎反映出睡眠的需求是因人而異的。有些人（兒童和成人都一樣）就是需要比其他人睡更多，才能正常活動。我上大學時，最要好的朋友靠五個小時的睡眠，就可以正常過日子，毫無問題。但是我另一個室友顯然需要至少十個小時的睡眠，才勉強能出得了房門。如果讓我們自己做主，那我的睡睡眠時間會比我先生要少得多。孩子的睡眠需求也不盡相同，這使得「恰當時數」的睡眠這個問題，顯得棘手。

幸運的是，你可以做個實驗。你的目標是要知道你的孩子需要多少睡眠，才能正常運作。這是個可以獲得許多立即回饋的過程。換言之，你應該能夠判斷孩子是否需要更多睡眠。

要如何辦到呢？

有幾種可行的方法。睡得好的孩子不應該在白天感到倦怠，不會在上課時打嗑睡。當他們上床睡覺時，應該要花一點時間入睡，也許是十五到二十分鐘，但不應該是幾個小時。頭一碰到枕頭就睡著，聽起來好像不錯，但這並不是睡眠品質的好指標。如果你讓孩子有機會睡到自然醒（例如在週末時），他們其實不應該睡過頭太多。**如果讓孩子睡到自然醒，結果他們多睡了兩個小時，那就表示他們平時需要多一點睡眠**。

對年紀較小的孩子，你要管控他們的就寢時間（我的意思是，希望你能掌控，但也許事情並不總是能順我們的意）。如果你擔心他們睡眠不足，試著把就寢時間提早一小時或半小時。反之，如果他們要花一個小時才能入睡，那就試著把就寢時間挪晚一點。

對年紀較大的孩子，你能管控的程度較小，「熄燈」的想法對十二、十三歲的孩子較難執行。但從另一方面來說，這個年齡的孩子已經夠大，可以理解睡眠背後的證據，也更能反省他們自己的經驗。在前面提到的寄宿學校的實驗，研究者認為，學生睡眠時間增加的時數甚至超過到校時間變更時數的原因，是因為學生了解到，更長的睡眠時間是有益處的，所以為了獲得更多睡眠，他們改變了自己的就寢時間。對這個年紀的孩子來說，與家人討論以及自我反省，可能會比規定更有功效（這點在許多事情上，對青春期的孩子來說，可能都適用）。

數據告訴我們的重要訊息

- 睡眠很重要！
- 孩子所需的睡眠比你想的還多，即使他們已上了中學。睡眠不足會影響他們的課業成績，以及其他方面的表現。
- 不同孩子所需的睡眠時數不同，但是如果你的孩子白天嗜睡，或是週末睡很多，這是他們睡眠不足的徵兆。試著把就寢時間提早吧！

回到大局

這些證據顯示，孩子的確需要休息。當你制定家庭行事曆時，保留這些時間是有道理的。如果孩子睡眠不足，無法集中注意力，那多上幾堂數學課也沒有益處。

睡眠需求將會決定你們行事曆的方方面面。家人起床時間可能由上課時間和上班時間決定（或是由一個總是在早上五點半起床的小孩決定）。但是**你可以選擇就寢時間，或者至少要選擇規劃活動的結束時間**。如果你決定孩子需要十個小時的睡眠，而且他們需要在早上六點半起床上學，那麼就寢時間需要在晚上八點或八點半。把時間倒推，這會決定你們的用餐時間，以及你們實際上可以從事哪些類型的晚間活動。

睡眠的價值很容易被低估，老實說，多數的成年人（尤其是家長）都沒有得到充足的睡眠，並且或許不認為睡眠是應該優先考慮的事項。就我自己而言，當我因為工作進度落後而感到有壓力或焦慮時，睡眠就是我第一件想放棄的事。正如我經常告訴我的孩子，我已經老到是可以犯錯的年齡，然而我不希望他們重蹈我的覆轍。

05 家長就業

如果你是學齡孩童的家長，你可能會想，我已經決定好要不要外出工作。你可能的確在孩子還是襁褓時期，仔細慎重思考過這個選擇。但是，即使你以前考慮過這個問題，並不表示你已經一勞永逸了。當你的孩子上學了，決定會開始產生變化。嬰兒或學步期的孩子得有人全職照料——家長、祖父母、保姆、托兒所，或是結合以上某幾種選擇。然而對學齡兒童來說，他們一天當中大部分的時間都花在學校裡。這點強調了選擇學校的重要性（本書第8章會詳加討論），但這也表示你的托兒需求將會有很大的改變，進而延伸到有關家長就業的決定也可能改變。

在孩子就學前後是重新慎重考慮這個選擇的關鍵時刻。即使你沒有意願重新思考有關家長就業的選擇，如果家中所有成人都是全職工作，你們也需要考慮日程安排的事宜。

舉個例子，這是我們家的基本問題。我的兩個孩子都上學，學校從早上七點四十五分上課到下午三點下課。如果傑西和我都選擇繼續現職，我們需要在早上八點或九點左右上班，在辦公室待到五點左右，有時候會稍微晚一些。就這個基本的架構，我們面臨幾個關鍵問題。

- 誰送孩子上學（對我們來說，上學時間早，剛好讓我們兩人都可以在上班時，順路送他們進教室）？
- 誰接孩子放學，什麼時候接？更具體來說，下午三點到五點半之間要怎麼安排？我們有幾個選項：他們可以留在學校接受課後輔導；或我們可以決定，兩人當中有人把工作時間縮短，然後成為負責接孩子放學的人；或我們可以請專職或兼差的保姆接送。
- 如果他們放學後有課外活動怎麼辦？誰帶他們去？
- 更複雜的是，孩子生病時怎麼辦？學校放假日、寒假、春假呢？還有令人想到就害怕的漫長暑假呢？那些時間誰來看顧孩子？

這些問題隨著時間而改變。我兒子上學前班的時候，我們十二點四十五分接他，這讓我們的托兒需求變得有點複雜。到我女兒上三年級的時候，突然間，她至少有兩個下午在學校參加各類課外活動，這表示即使我們想在下午五點半之前接她，也沒辦法。

當然，我們的接送行程是我們專有的。你家的孩子在校時間可能比較長或比較短，課後活動的選項也可能不一樣。在我童年時期，我祖母就住在附近，大大簡化了假日和請病假時誰來照顧孩子的問題。

這一切代表你對家長的工作和照顧孩子所做的決定，可能和你在孩子較小時所做的決定會大不相同。而且值得一提的是：在家或就業兩者都是選項。我就認識有些人（大多是女性），他們全職在家，直到孩子上學後重返職場。但我也認識一些人，做法恰好相反。他們在孩子還小的時候工作，然後選擇在孩子大一點的時候重返家庭，或決定減少工作時間，好能夠在下午和學校放假的日子照顧孩子。

這裡的數據並不會替你做決定。這個說法呼應了我在本書其他許多地方所說的：家庭狀況太多樣化了，不可能有一種家家都適用的方法。我們所能希望的最好結果，就是在較大規模的家庭討論中，將其當成參考資料。而在這裡，我們有一些很好的參考數據。這些數據以兩種形式呈現：關於家長就業與否，孩子的成績表現是否會有不同的數據，以及關於就業的選擇如何對家長造成直接影響的數據。

家長就業與孩子的表現

當你開始為家庭做這方面的思考時，即使只著重在孩子方面，那也可能會有無數考量。什麼對你們的親子關係最有利？是否有某項特定的課外活動，是孩子真正有心投入的，家長的就業狀況是否會和這件事有衝突？說真的，到底哪些事情會讓孩子快樂？

我很遺憾地說，這其中多數是研究人員無法測量的。這些主題的研究十分依賴我們在數據所測量的結果。然而我們很難釐清人們是否快樂，也很難評估他們的人際關係品質。這個問題在書中會重複出現，特別是在研究學校課題的情境下。我們在這裡以及在學校的環境中所能測量的是學業成績，這會是主要的焦點。此外，還有許多研究檢視家長工作與否跟孩子健康狀態之間的關聯，特別是肥胖症。

考試成績

要找到數據來幫助你了解家長工作與否跟考試成績之間的關聯並不難。比較難的是，找到有說服力、能詮釋因果關係的數據。一篇具有代表性的論文，其樣貌如下：蒐集孩子的某些數據，其中包括孩子的媽媽在孩子童年時期就業與否的資料，也包括孩子的考試成績或在校表現的資料。這些數據通常還會使用家庭其他特質的資訊，例如種族與媽媽的教育程度。要注意的是，幾乎所有此類的論文都著重在媽媽的受僱狀態；如果家中有父親的話，這些論文就設定父親是就業狀態。[1]

非常多有關媽媽就業狀態所使用的數據，來自一項名為〈全國青少年貫時性調查〉的問卷，這個研究在一九七九年招募了數千名婦女參加，並長期追蹤她們與她們的子女。

有了這些數據，研究人員就能檢視孩子的考試成績與媽媽就業狀態之間的關聯。他們通常會試著讓某些家庭基本元素（收入、種族）保持不變。有時候也會把孩子分組，例如他們會檢視來自較高收入家庭的孩子，看看媽媽就業對他們是否有不同的影響。

詮釋這種分析的結果有些困難。雙親是否都就業的選擇並不是隨機的。現在你正在閱讀的這一整章，就是關於如何以「最佳」方式來做出這個決定，而這只是關於這方面眾多著作之一。人們真的為這個決定費心思考，所以很難想像雙薪和非雙薪的家庭之間，沒有存在其他差異。

事實上，甚至這些結果對哪一方比較有利，都不甚明顯。雙薪家庭或許在某些方面較為優越，但或許在其他方面卻又不及。

基本上，以像這樣的數據，我們很難知道，我們所看到的雙親就業與孩子成績之間的關聯，是有因果關係還是只具有相關性。當然，理想的狀況是去做實驗，我們隨機強迫某些家庭讓雙親都就業，而另一些家庭則讓一位家長待在家裡。基於道德因素，我們無法這麼做，所以我們應該對這裡所談論的結果，採取保留態度。

話雖如此，我認為大量的證據點出兩個結論。

首先，無論是有好或是有不好的影響，這些影響都很小。為了看清這一點，我們可以轉向綜合分析（meta-analyses），這類分析整合了許多相同主題的研究結果（這無法神奇地解決相關性與因果關係的問題，然而的確讓我們對它們的相關性有更廣的視野）。

以媽媽就業與考試成績為例，二〇〇八年，加州的一項綜合分析，統合了六十八個研究的數據，報告了總共七百七十種不同的影響。[2]他們努力統合了多項結果，發現媽媽就業與考試成績之間存在非常輕微的正相關。

第二個發現是，這些影響在不同群體之間，似乎的確存在某些差異。在包含大量高收入家庭的研究中，媽媽就業的影響似乎稍微比較負面，而在包含大量低收入家庭的研究中，媽媽就業的影響則稍微比較正面。同樣的，在包含較多有色人種與較多單親家庭的樣本中，媽媽就業的影響似乎比較正面，而媽媽就業對女孩的影響也比較正面。

如果我們就字面意義來看，可能暗示對某些群體（例如學歷較高的媽媽），雙親就業會產生某些負面影響。但即使在最嚴重的情況下，這些影響也非常小。而當我們深入研究個別論文時，我們往往發現，我們在統計上做越多調整家庭環境差異的計算，雙親就業的影響就越小。[3]這表示，即使我們企圖將微小的影響歸因於媽媽就業的緣故，事實上，那可能反映出的是其他的家庭差異。

肥胖症

相較於媽媽就業對考試成績的影響，家長就業對肥胖症的影響就比較一致：當雙親都就業時，孩子有肥胖症的風險似乎比較大。[4]

然而如同考試成績，這些影響相當微小。與考試成績一樣，較高學歷媽媽的孩子有肥胖症的風險似乎較大（雖然這可能是因為孩子先前的體重較輕）。[5]

當研究人員試圖探究為什麼會看到這些肥胖的影響時，他們通常把焦點放在孩子放學後所從事的活動。畢竟肥胖並不難理解：如果你吃得多、動得少，那通常會導致體重增加較多。這表示我們要尋找的解答歸結於，找出全職媽媽的孩子是攝入較多的卡路里，還是消耗較少的卡路里（或是兩者均是）。

這在概念上很簡單，儘管在現實中需要大量的數據。你不僅需要知道有關媽媽的工作與孩子體重的資料，也需要知道孩子如何使用時間（具體來說，孩子是否運動？）以及他們飲食內容的資料。幸運的是，至少有一些數據來源，足以應付這個挑戰。

我們可以看看一個例子，二〇一四年發表在《社會科學與醫學》期刊上的一篇論文。[6]研究者首先指出，就業媽媽的孩子更容易有肥胖症。這種影響程度是中等的，從每週工作零小時到四十小時，增加了大約四%的肥胖風險（在這項研究中，平均大約二〇%的兒童是肥胖的）。

然後論文接著檢視行為的細節。就業媽媽的孩子吃較少的蔬菜水果、吃較多速食、喝較多汽水、看較多電視。他們其實也似乎透過參與運動團體來從事較多的訓練活動，然而，他們看電視的時間較多，也代表大體上他們的生活型態較為久坐不動。

這些結果或許耐人尋味，但重要的是，要注意，它們仍然無法證明這和媽媽就業有因果關係。我們不知道如果他們的媽媽待在家裡，這些孩子是否還是會做同樣的事情。關於這個主題的論文通常會推測，這些關聯性是由於媽媽比較沒時間開車載孩子去運動、沒時間費心烹調餐食。[7]這或許有可能，但是當你真正檢視家長的時間配置時，我們並不能斷言，在職家長花在這些活動上的時間就比不在職的家長少。[8]因此，這仍然可能只是家庭與家庭之間的其他差異造成的影響，而不是就業本身。

所以這代表什麼意思呢？

有鑑於數據中的缺失，我們應該了解，這些證據中並沒有任何確鑿的因果關係。我們有暗示性的相關性，但也僅有兩個結果，並沒有你在乎的那麼多事項。

我們從這些結果中可以清楚看到，孩子在課後從事的活動可能至少有一點影響。對高收入家庭中媽媽就業似乎比較有影響的一種解釋是，孩子和家長在一起的時候，更可能是在從事「增益」（enrichment）活動。並不是說不應該雙親同時就業，但這的確主張，家長要對課後活動與食物選擇之類的事情多加費心。基本上就是要審慎思考（好消息！這整本書都是關於審慎思考）。

但是即使我們認定所有這些影響都有因果關係，這些影響仍然真的很小。在校成績的影響頂多只是無足輕重，而即使經過統計學的精確計算，它們也是極小。肥胖的影響可能比較大一點，但仍被其他導致兒童體重增加的因素所掩蓋。

數據告訴我們的重要訊息

- 對於孩子的問題來說，有許多有趣的結果是我們無法衡量的；在家長就業的議題上，我們把焦點放在考試成績和肥胖症。
- 家長就業（特別指媽媽）對孩子考試成績的影響好壞並不一定，而且無論好或不好，影響都很小。
- 雙親就業與兒童肥胖之間有比較強的相關性，但是因果關係的證據則有限。就相關性的程度而言，關鍵可能在於孩子所從事的活動，而不是家長就業本身。

超越數據：考慮家長本身

讓我們從這些數據所隸屬的雙親、異性婚姻、全職媽媽的世界退一步，回到你的家庭，可以用最適合你們的方式調配家長就業的世界。

工作的真正理由有二。一是賺錢，另一個是你喜歡這份工作。做出正確的選擇需要仔細考慮這兩點，理想情況是，思考時參考一些數據。

讓我們從錢談起。如果家中所有成人都就業，這對家庭預算有多少影響？顯然，這取決於他們所從事的工作。如果你目前就業中，你知道自己的收入。如果有人已經離開職場一段時間，或許比較難知道他們重返職場後的收入到底會是多少。但這也不是無法得知，你或許可以做個粗略估計。

附帶說明：離開一陣子後再重返職場的想法，對很多人來說是令人卻步的。而且沒錯，如果你已經離開五年了，你不太可能重續舊職。但這並不是說你不應該考慮重返職場。而且雇主可能比你所預期還更能體諒這點。一些來自履歷稽核研究的證據（請人遞送假造的求職履歷，看誰收到回覆的研究）認為，若能對履歷中的無就業期間提供解釋，就不會對求職造成妨礙。[9] 孩子就是一個很好的解釋！

所有成人都就業所得到的收入，很可能會被額外的托兒費用抵消部分。孩子放學後要從事什麼活動，費用多少？其中一位家長做兼職工作或許是解決這個問題的方法之一，但是還有許多其他的托兒方案。

這個預算討論還有一個長期元素。在多數工作中，你的收入會逐年增加，而托兒費用比較可能會逐年減少（至少直到孩子上大學以前）。所以，**工作的經濟效益比較可能會逐步增加。**

最後，當你坐下來考慮預算數字時，值得考慮的不僅僅是金錢的數額，還要考慮這些金錢的邊際效用。更多金錢會給你帶來多少額外的快樂？考慮這個問題的一種方法是問自己，你會如何運用這筆資金。這可能有助於界定它們真正的價值（還是，或許並沒什麼價值）。

金錢並非唯一。但實際上，金錢或許的確是第一順位，因為對於許多家庭來說，為了供應基本必需品，所有成人都就業是有必要的。但是如果你很幸運能有所選擇，你自己想做什麼的這個問題，也應該納入考量。你可能喜歡工作，或者你可能更想全職教養孩子，又或者你可能更喜歡兩者兼具。

我認為**我們當中有許多人，對於想從自己的職業生涯與個人人生中獲得什麼的這個問題，考慮得不夠頻繁**。也許在孩子出生時我們仔細思考過，但我們不一定會再度思考。然而有時候答案會以出其不意的方式改變。

隨著孩子的成長，我想與孩子相處的渴望是增加，而非減少。但我以前並沒預期到這一點。在孩子出生以前，我有一個想法，就是頭幾年要親餵母乳等等，會是真正密集相處的時期，一旦孩子上學了，我就不會覺得那麼需要和孩子有額外的相處時間。

但事實上卻相反，在放學後的那段時間，我比在當他們還小的時候更喜歡待在家裡。我珍惜這段時間，部分原因是為了和他們在一起。還有老實說，部分原因是因為，我不認為其他人在監督小提琴練習上，能和我一般嚴格。

看吧，我們都有自己執拗的地方，好嗎？不要論斷我。

我非常幸運能有一份有時間可以與孩子相處的工作（儘管代價是我得在他們起床前和睡覺後工作）。但是我想多待在孩子身邊的渴望，讓我重新思考某些職業上的選擇，避免在工作中承擔更多責任，暫時擱置某些職業生涯上的發展可能。

我在芝加哥大學的一位前同僚伯特蘭（Marianne Bertrand），在快樂這個議題上有一些有趣的研究，她的研究特別關注女性。[10]她發現，生活滿意度可以藉由事業來提升，也可以藉由家庭來提升。但兩者不會有加乘效果，你不會同時獲得家庭與職業滿意度的提升。在高學歷的女性中，有工作並有家庭的女性，往往比待在家裡的女性更不快樂、更有壓力、更疲憊。

我希望事情不一定得像這個樣子，如果我們都多思考一下自己的期望，我們或許能找到更好的解決辦法。如果政府機關與私營企業提供更多制度上的彈性，會大有助益。

讓我們再重申一次：這些解決辦法不一定都是關於媽媽的。正如我先前所說，在家有幼兒的情況下，**問題不應該是選擇「全職媽媽」還是「在職媽媽」，而是「大人工作時間的最佳配置為何」**。

回到大局

選擇有一位家長待在家裡，和沒有家長待在家裡，兩者之間的選項配套，會有相當鮮明的對比。如果你們決定一位家長要離職，那麼仍然可能會有一些行程接送方面的挑戰，例如當一個孩子需要上鋼琴課，而另一個孩子需要參加足球練習時，你怎麼辦？不過由誰負責放學後時間的基本結構則已確定。

如果家中所有大人都外出工作，那麼接送行程就會更加複雜，你們需要確保仔細考慮過所有情況。

在一切如常的情況下，孩子放學後做什麼呢？根據你居住的地區、你們的家庭狀況，以及孩子的學校，應該會有一些選項。學校可能會提供課後照顧，或可能其他地點（例如YMCA或社區中心）也提供課後照顧。你可以請保姆來接他們或是在家裡等他們，或是祖父母和認識的友人可以照顧孩子。

如果你想試著加入課後活動，那麼放學後的行程會稍微複雜一些。這可能需要一位會開車的照顧者，或是另一位家長能代勞。

計畫好的缺席和意料外的缺席也值得仔細考慮。你們如何處理學校的假期與病假？誰要請假，或是你讓誰來代替照顧孩子？意料外的缺席（主要是病假）可能是最複雜的。大人都需要去上班，一旦孩子發燒，而且你也無法做好安排，那真是沒什麼好辦法。

列出工作責任的一些基本優先順序，可能會有幫助。在我們家，教學通常是最優先考量，這代表偶爾我們會緊張慌亂地替換誰在家照顧生病的孩子（例如如果我的課在中午結束，而傑西的課從一點開始），但是至少我們不會為此爭論。

事實上，當潘妮若碧還是個嬰兒的時候，我從朋友那裡得到的最好的建議之一，就是**事先決定好如果保姆生病了，誰來替代**。這個原則也適用於年齡大一點的孩子。接受下面這個現實也會有益：有時候儘管你已經做好最棒的計畫，但還是可能要帶一個身體微恙的孩子到辦公室／休息室／教室裡，在你開會時，他在一旁用iPad看電視。這已經算好的了，也許孩子會學到一些東西。

06 營養

用餐、準備餐點、計畫菜單，是每天生活中重要的環節。對許多人來說，有了孩子以後，可能更是如此。當你仍然單身，或是只有你和另一半時，餐飲可以比較隨意。在我大學畢業到就讀研究所之前，自己獨居的那些年裡，我真的每天晚餐都吃同樣的沙拉。即使在孩子出生前、傑西和我共同生活時，飲食也比較隨意。我們經常外食、叫外賣，要吃飯時，才決定要吃什麼。

有了孩子，這種隨興的情況就比較困難了，部分原因是因為，孩子必須在他們預定的晚餐時間即刻進食。雖然傑西在餓肚子的時候會變得容易發脾氣，但是與芬恩在下午五點半到六點之間可能發生的「飢餓」狀態相比，那根本是小巫見大巫。晚餐時間可以靈活調整以配合當天行程的想法，還真是可笑。

不只這樣，餵孩子比餵成人更複雜。孩子比較偏食，你可能也比較在意要培養孩子健康飲食習慣，希望讓孩子有健康的飲食。你或許會擔心另一半不吃蔬菜，但你或許也意識到，試圖改變一個三十幾歲的人是徒勞無功的，但是孩子還小，還可以被調教。然而在這時期，他們卻藉著每天都要求吃義大利麵，來抵抗這種可塑性。

為孩子供餐與安排餐點的過程，很容易讓人感到惶恐，但從大局的角度來看，我會說，其實只有兩個關鍵決策：**你對食物的一般原則有哪些（如果有的話），以及你將如何規劃用餐？**

可以吃糖嗎？分量多少？你對吃點心有規定嗎？你對鼓勵吃水果及蔬菜，會採取任何行動嗎？

再者，對非上學時間的用餐，你們會全家一起用餐嗎？出席狀況呢？全家共進晚餐嗎？全家共進早餐嗎？兩者皆是？兩者皆非？

不意外的是，這大多取決於你們家的行程安排與優先考量。但首先讓我們看看數據。

健康飲食元素

營養科學似乎風評不佳。你大概可以從每週都有一個關於該吃什麼食物、不該吃什麼食物的新聞報導推知。某一週有報導說咖啡對你有益處，下一週卻說咖啡會要人命；某一週說吃紅肉導致罹癌，下一週又說吃紅肉沒問題。這種恫嚇對人們的飲食攝取，真的有影響。

我記得在我的孩提時代，多數時候的早餐爸爸會為我們煎蛋。然後在一九八〇年代初期的某一天，營養科學指出雞蛋對健康不好，因為膽固醇和脂肪過高，高碳水化合物、低脂肪的飲食開始盛行。於是雞蛋不見了，取而代之的是玉米片。

當然囉，時間快轉到我年輕時期，那時我們了解到，其實低脂飲食並沒有任何益處。我們也看見對碳水化合物強烈抵制，還有對雞蛋等食物的喜愛。我爸爸領先這種趨勢大約二十五年。

像這樣的例子還有很多。還記得人造奶油瑪琪琳嗎？它是奶油的健康替代品，直到我們發現人造奶油含有大量反式脂肪，對，反式脂肪是健康的殺手。真糟糕！

為什麼想知道健康飲食的元素很難呢？可能有很多原因，但我認為核心原因（事實上這是我學術研究中某部分的主題[1]），是飲食的選擇與個人的許多其他方面密切相關。攝取「健康」（或是符合當下流行）食物的人，通常也會採行別種健康行為，像是運動以及不吸菸；他們通常也會有較高學歷、較富有。而要區分這些因素，極端困難。

為了用簡單的方式來呈現這一點，我曾經採用一個廣為使用且具全國代表性的數據庫，這個數據庫蒐集了有關飲食狀況與體重的資料（特別是身體質量指數，或稱BMI，這是一種根據個人的體重與身高，所粗略測量的體脂指數）。我比較了攝取不同食物的人的BMI，而且這些食物本身不太可能導致體重差異。在下面的圖表中，你可以看到攝取四種生菜與兩種糖替代品，每種食物攝取量與BMI之間的關係。

你可以看到，較「優質」的食物與較低的體重相關。結球萵苣和蘿蔓萵苣呢？它們顯然與體重增加有關。芝麻菜和蒲公英葉呢？它們讓你變瘦。同樣的，化學製的糖替代品和較高的BMI相關，而植物性的糖替代品與較低的BMI相關。

但是，這不表示某種生菜就優於另一種生菜。生菜都沒有很多卡路里，只是攝取不同種類生菜的人，他們的其他特徵也有所不同（一個更廣泛的問題當然是，像BMI之類的指數，作為實際健康狀況的替代指標並不夠充分。即使你對某些食物與體重之間的關係很有把握，但這和將其與我們所在乎的健康要素做連結，不盡相同）。

這類分析清楚顯示，透過人與人的比較，真的很難知道什麼才是「優質」飲食，但幾乎我們所有的證據都是這類的。我們沒有很多可以真正信賴的大型隨機實驗

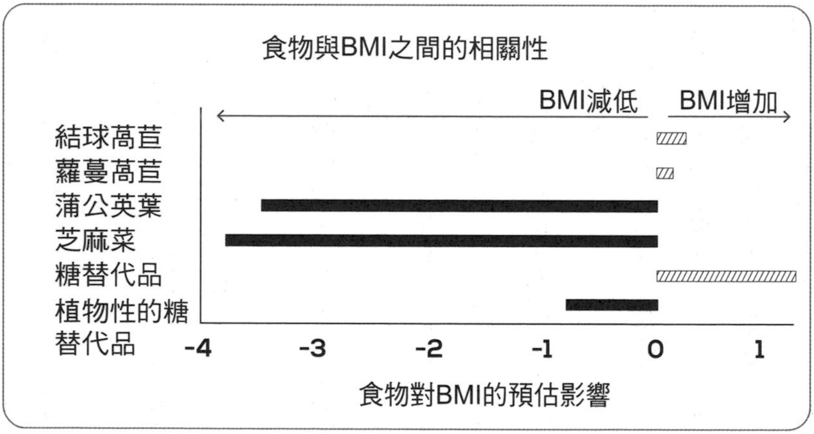

的證據。有一項大型的隨機實驗顯示地中海飲食（魚、蔬菜、橄欖油、紅酒）對健康的益處，但是益處是對老年人以及多數身體有恙的成人。這種飲食對比較健康、比較年輕的成人，以及特別是對孩子能否適用呢？我們很難得知。

我們頂多知道，攝取一些蔬菜和水果可能是好主意，而汽水和糖果這類食品則帶來大量卡路里，又不會讓你有飽足感。如果你擔心自己的體重，沒有飽足感不是件好事。這並不代表不存在某種祕密的神奇飲食，但目前我們所擁有的數據，並沒有特別表明這一點。

這可能會讓你鬆一口氣，但在你太過放鬆之前，有足夠的證據顯示，人的口味是固定的，並且是在童年時期形成的。這表示**你的孩子現在所吃的東西，可能會影響他們一生的喜好**。你不要有太大的壓力！

我們怎麼知道這件事呢？你可能認為這很簡單：檢視兒童時期的飲食，然後檢視他們成年後的飲食，再看看兩者是否相關。的確有這類型的研究，例如二〇一五年的一項研究，調查大學生目前喜歡的食物以及他們小時候的飲食。[2]研究發現，學生似乎喜歡他們小時候吃過的食物，而他們目前的飲食和回憶起的童年飲食，有很多重疊。這個結果與其他幼兒研究的數據相呼應，在那些研究中，你可以看到一歲時吃較多蔬菜的孩子，在他們六歲時也吃較多蔬菜[3]；或是飲食不均衡的六年級孩子，在成長過程中也比較可能保有這種不良的飲食習慣。[4]

在這個系列中，我最喜歡的一項研究是，追蹤從五歲到十一歲女孩的零食口味。[5]研究人員發現，孩子即使對各種零食的喜好也有相當程度的穩定性。在五歲時給彩虹糖很高排名的女孩，在十一歲時也可能會給予高排名，雖然他們也發現，某些零食（蝴蝶脆餅、冰淇淋）隨著年齡而變得更受歡迎。

這些結果引人聯想，但是我們會擔心這些現象可能是受到口味以外的事物影響。我們觀察到，小時候攝取較多蔬菜的大學生，現在攝取較多蔬菜，可能是因為他們已經喜歡上食用蔬菜，也可能是反映出，他們有某種長期以來一貫的情況（例如蔬菜容易取得）。這對幼兒的研究來說，更是如此：食用蔬菜在一歲和六歲時有相關性的事實，可能大部分是反映了家長所烹調與提供的餐點具長期一貫性。

但在另一方面，有證據指出，早期接觸到的味道，會影響人們對那些味道的喜愛程度。其中一項研究是關於極早期生活的接觸——在嬰兒時期或在子宮內。在《兒童床邊的經濟學家》中，我談到一項研究，在妊娠期或哺乳期的媽媽中，一組接觸大量胡蘿蔔，另一組完全沒有接觸胡蘿蔔。那些食用很多胡蘿蔔的媽媽，她們的孩子在日後生活中比較喜歡吃胡蘿蔔。[6]事實上，我們有很多其他類似的證據，顯示在子宮內與在嬰兒期接觸到的味道，似乎的確會影響嬰兒與孩童對不同味道的喜好程度。[7]

與長期結果更為相關的是，我們有證據顯示，兒童時期所接觸的口味，會影響成人時期的飲食，即使生活環境中的飲食風味有異。很多這類的證據其實來自經濟學家，他們研究在童年與成年之間在國內搬遷到不同區域，或是移居外國的人。經濟學家的問題是，即使成年後最容易吃到的食物風味有異，人們是否仍然喜歡他們成長地區的飲食口味。

一篇關於這個主題的重要論文研究印度人，檢視那些從主食是米飯的地區，遷移到主食是小麥的地區的人。[8]結果顯示，人們對童年時期的主食非常忠誠。如果你成年後生活在以小麥為主食的地區，米價昂貴，而參與這項研究的人經濟貧困，有許多人每天攝取的卡路里低於每天建議的攝取量。儘管如此，那些從小吃米飯長大的人卻願意付高價買米。

我們在咖啡和美乃滋方面也看到類似的現象。這兩者的品牌忠誠度，在美國的不同區域一直以來都不一樣。[9]如果你是喝麥斯威爾長大的，即使你住在大家都喝Folgers的地區，你一樣會喝麥斯威爾。Miracle Whip對比Hellmann's品牌美乃滋的情況也類似。

從某種意義上說，這一切都不足為奇。我們很多人會一直偏愛自己童年的零食、自己父母烹調的飯菜、家鄉的口味。我不會是唯一一個被另一半反覆告知，他父母烹調的某道菜餚特別美味，卻發現事實並非如此的人。

所以看起來是，不知道什麼原因，**你給孩子吃的食物會影響到他們日後的飲食**，即使這種連結與健康問題並不明顯。這就把我們帶到了下一個問題：在實際的做法上，你應該如何打造你希望孩子具備的飲食習慣呢？

打造飲食習慣

這裡的前提是，你對飲食計畫有目標。

事實上，某些飲食比其他飲食更容易實現。大多數孩子都喜歡傳統的「兒童」食物——義大利麵、起司通心粉、雞塊、熱狗。如果你的目標是除此以外的食物，例如讓孩子吃很麻煩的食物或是吃辛辣食物，那你將面臨一些挑戰。還有，有些孩子比較隨和，有些孩子則較不容易。

如果你是小學生的家長，有個好消息是，相對於學步期的孩子，你的孩子可能較少有「食物恐新症」（害怕吃新的食物）。這種症狀在四歲左右達到頂峰，然後開始減少，因此你可能會發現，自己八歲的孩子比他在三歲時，更願意接受新食物。比較不好的消息是，隨著孩子在小學時期的成長，有證據認為，他們的飲食品質變糟。一項研究指出，從三年級到八年級之間，水果攝取量降低四〇％，蔬菜攝取量降低二五％。這可能反映出家長不再能控制孩子的飲食。

當你有掌控權時，你要如何影響孩子的飲食呢？幸運的是，研究的確在這個地方提供了一些指導。對於如何鼓勵孩子多吃特定食物，我們有各種的證據。多數這類文獻的重點是，讓孩子多吃蔬菜和水果。這可能是因為大家普遍認為蔬菜和水果比其他食物更健康，特別是蔬菜，許多孩子似乎抗拒吃蔬菜。

那麼你如何找出方法，做到多蔬食的飲食呢（或者，延伸一下，做到任何你想要的特定飲食）？

首要原則是，接觸很重要。**反覆為孩子提供某樣蔬菜，讓孩子品嘗味道，似乎會提高孩子對蔬菜的喜好**。我們可以在年齡較小的孩子身上看到這一點，就如在某幼教中心所進行的一項研究，在這個研究中，四十一名幼童一再被提供多數孩子並不愛吃的蔬菜（紅色甜椒或南瓜）。[10]在第一次接觸這些蔬菜時，他們給的平均評價介於「難吃」和「還好」之間。但經過六次接觸之後，平均評價比「還好」再好一點，朝「好吃」的方向發展。更驚人的是，在實驗結束時，孩子食用的蔬菜量比以前要提高許多。平均攝取量從七公克增加到三十公克。研究者認為，讓孩子嘗試一次並不一定足夠；孩子需要多嘗試幾次。

這篇關於接觸蔬菜的文獻很重要，並且點出某些小癥結。例如對年齡較小的孩子來說，接觸似乎就足以讓他們嘗試帶苦味的蔬菜（例如）。然而對年齡較大的孩子來說，接觸有助於嘗試不帶苦味的蔬菜，而對帶苦味的蔬菜，研究人員發現利用他們所謂的「聯結式制約」，或是所謂的「沾醬」，則有較好的效果。[11]

此類研究的一個例子來自休斯頓一所國中，七十八名兒童被分成兩組，並且在整個學期的營養課程中成為研究對象。[12]所有的孩子在課程中反覆接觸蔬菜。但是其中四十名孩子食用蔬菜時佐以花生醬，另外三十八名孩子則單單食用蔬菜。學期結束時，食用蔬菜佐花生醬的孩子對蔬菜的喜好增加了，並且攝取較多蔬菜。

其他研究使用不同的沾醬。我招認，令我覺得反胃的一個例子是，研究人員將抱子甘藍搭配甜味奶油起司。我承認這不是我的菜，然而這的確提高了三到五歲兒童的蔬菜攝取量。[13]

這些研究的重點在於，它們強調一再接觸（無論加不加沾醬），並且偶爾採取獎勵方式來鼓勵孩子品嘗食物。關鍵似乎在於反覆嘗試，孩子需要時間來培養對新口味的品味。如果你第一次讓孩子吃胡蘿蔔而孩子不喜歡，不要就此放棄（如果對你來說孩子吃胡蘿蔔是件重要的事）。再試一次，可以加點花生醬、些許田園沙拉醬。

這份文獻強調，餐點的呈現方式（例如上菜的順序或食物的相對分量），以及家長對孩子拒吃食物的反應方式，都可能有很大的影響。

這些證據大部分來自體制環境，在這種環境中，食物的分量是可控的。例如學校午餐的實驗顯示，如果你給孩子的主菜少點分量，孩子會吃更多蔬菜。[14]也許孩子會先吃分量稍小的起司通心粉，但是如果他們還餓，他們會吃點蔬菜。

在考量你們家的餐點供應時，這個學校層級的實驗或許會把你導向一種比較獨斷的晚餐模式，像是「在你吃完蔬菜以前，不能再多添義大利麵／吃甜點／看電視。」但是更廣泛的數據觀點卻不認同這種做法。因為像這類的催促，**可能在短期間內會增加某種食物的攝取，**

但是這似乎也會減少對特定食物的長期喜好。[15] 基本上，告訴孩子「如果你吃胡蘿蔔，就可以吃冰淇淋」，似乎是促使他們認為胡蘿蔔不甚可口。

你可以在不強迫孩子的情況下，凸顯蔬菜。理解這個觀點的簡單方式是，比如說，如果你餓了，而且有蔬菜可吃，那你就會吃蔬菜；這時如果也有義大利麵，那你會先吃義大利麵。達成這點的一個辦法是，給孩子較少分量的主菜。另一種辦法（這是我們家通常比較喜歡的做法），就是先上蔬菜。如果晚餐時間是六點，我們有時候會在五點或五點半先吃生菜沙拉。或是，蔬菜會先上桌，過幾分鐘以後再上主菜。

有時候我會不會謊稱主菜還沒煮好呢？這是祕密。

接著來看看因應孩子拒吃食物的方法。如果孩子拒吃你煮好的晚餐，你會做何反應呢？想到這點，你要謹記，孩子很狡猾，而且他們真的對誘因很有反應。也許有一天他們說不喜歡你煮好的晚餐，所以你就為他們另外做了炸雞塊，他們就學到了這是可以吃到炸雞塊的方法。不消多久，你每天晚上都要煮兩種晚餐。

那該怎麼辦呢？一種選擇就是，除了家庭晚餐以外，拒絕提供其他任何食物。對多數健康的孩童來說，偶爾不吃晚餐並不是什麼大問題，所以這個策略並沒什麼可議之處。然而某些家長（就是我）覺得這有點難以貫徹。後來我們從食譜作家比特曼（Mark Bittman）所寫的文章中，效法他的家庭政策，**引進制式備用餐點**。我們家的制式備用餐點是生鮮蔬菜搭配鷹嘴豆泥醬。這是孩子願意吃的食物，但又沒有喜歡到想要天天吃。這也是一道我們不介意孩子經常吃的餐點。所以在我家，如果你想的話，隨時可以吃鷹嘴豆泥醬配生鮮蔬菜作為晚餐。結果呢？這道菜大約每三週出現一次，通常是在我費心烹煮魚類料理時。

最後來討論一下禁忌食物。這是鼓勵孩子多吃某些食物的反面。當我們鼓勵孩子多吃蔬菜時，我們也經常試圖勸阻孩子吃另一些食物，最明顯的是汽水、糖果、含糖食品等。勸阻吃某些食物最簡單的方法，就是禁止吃這些食物。的確，我認識一些人，他們以擁有長到四、五歲卻從未吃過蛋糕的孩子為傲。我們住在加州的短暫時期，許多家庭都有這些規矩，以致我兒子的幼兒園對午餐禁止吃餅乾有嚴格規定，而家長會也非常忠誠地試圖強制執行這項規定。

不過，這些限制可能有點複雜。實驗顯示，即使孩子最初並不偏好禁忌食物，當被允許吃這些食物時，他們會被這些禁忌食物所吸引。換句話說，限制本身似乎使食物更加誘人。[16] 在全部由糖果組成的飲食，與孩子從未吃過蛋糕的飲食之間，或許能找到一種快樂的中庸之道。

這個證據提供了很多值得思考的地方。這和你家不會完全相關，但我敢肯定，其中至少會有部分相關。在本章的最後，我會討論你要如何把它們整合成一個更有條理的「家庭飲食政策」。但首先讓我們談談日程安排。

不只吃什麼，還有怎麼用餐

以上討論著重於孩子的飲食內容，但這不是有關用餐的唯一決定。是的，孩子吃什麼很重要，但是孩子什麼時候吃飯、和誰一起吃飯呢？更具體一點說，有恐怖音樂配上鼓聲的家庭晚餐可行嗎？

對支持的人而言，家人共進晚餐具有重大意義。

如果你不是來自像這樣家人共進晚餐的家庭，那麼這種執著顯得很極端。我曾和一位同僚討論過這個問題，她說要習慣她夫家對共進晚餐的執著非常困難。「你必須在七點以前就座！否則他們會非常不高興。這有點奇怪。」

家人共進晚餐是一項重大的承諾。如果你們想每天晚上共進晚餐，比方說在下午六點，那你需要在這以前就早早回家，才能備好餐點待用。日復一日。如果你選擇這樣做，這會是你和孩子一天生活中重要的一環。就某方面來說，大家要嘛對此很執著，要嘛抱持懷疑的態度，這並不足為奇。

這一切表示，這個決定很大一部分可能來自你的習慣，或是你父母的作為。然而，這對你的家庭來說，是一個重大的決定，因此值得查考證據。一項對將近十萬名六至十二年級兒童所做的調查，檢視家人共進晚餐頻率與各種兒童表現結果之間的相關性。[17]相對於家人每週共進晚餐零至一次的孩子，家人每週共進晚餐五至七次的孩子，較不可能喝酒、抽菸；他們罹患憂鬱症的可能性減低一半；比較不容易罹患飲食障礙；學校參與度較高。幾乎在研究人員所可以測量的每項指標上，這些孩子都表現得比較優異。

這些結果在其他個別研究和評論文章中得到呼應。[18] 特別是對青少年來說，家人共進晚餐與更優異的課業成績與社會情緒結果相關。

不過，關鍵在於相關一詞。這些研究可以顯示家人共進晚餐與良好的表現結果之間的相關性，但它們很難證明這些關係是因果關係。而且很明顯的，這種關係至少有一部分是家庭的其他面向所導致的。我們可以檢視當調整其他變數時會如何，來了解這一點。

例如在對十萬名兒童的調查中，研究人員研究了學習動機與反社會行為。數據指出，如果我們只比較與家人共進晚餐的孩子，和沒有與家人共進晚餐孩子，那些與家人共進晚餐孩子的高學習動機與避免反社會行為的可能性，大約是後者的兩倍。然而，一旦研究人員調整了家庭之間的其他差異，例如溝通與支持，這些差異就會縮小。

而這樣甚至可能還不夠。研究人員並沒有看到每個家庭中的各樣狀況，如果他們能看到更多家庭互動的細節，可能會明白家人共進晚餐的影響甚至還更微不足道。

因為與家人共進晚餐的時間安排是如此重要，而那正是問題的一部分——在理想世界中，家人是否共進晚餐會有許多變化，鑒於複雜的行程安排，所以我們很難想像這對任何人來說會是隨機的。

當然，你或許會問，「我們不能對這進行隨機實驗，隨機分配家庭，讓家人共進晚餐或不讓家人共進晚餐嗎？」這個答案是肯定的，並且已經完成了一些小型隨機實驗。最近一項稱為HOME Plus的研究，這個研究在明尼蘇達州招募了大約一百五十個家庭，其中多數是低收入家庭，要求實驗組攝取更健康的飲食，鼓勵家人更常共進晚餐。[19]

這實驗顯示某些小幅影響。實驗組減少含糖飲料的攝取、體重增加有減少的趨勢，但顯然沒有影響家人共進晚餐的頻率。[20] 要改變家人共進晚餐的行為真的很難，因為要安排家人共進晚餐需要投入大量時間，而許多家庭並沒有這種餘裕。有位朋友最近告訴我，她的家庭治療師告訴她，和她兩個孩子每週共進一次晚餐很重要。她認真遵照這項建議。有一次，那頓飯簡直糟透了，孩子不明白為什麼他們需要出席享用她準備的餐點，她的先生也認為這個主意很荒謬。她花費了好大工夫協調，到頭來卻沒一個人喜歡。或許盡早在孩子的教養過程中提出家人共進晚餐的想法，事情比較可行，但是要將家人共進晚餐引進一個沒有這種習慣的環境中，很難成功。

那麼，證據告訴我們哪些事情呢？家人共進晚餐與孩子的正向成果之間的相關性，在各方面都是如此強烈、如此清楚，所以很難將它們排除，視為完全是由其他因素所造成的。

值得考慮的是，就家人共進晚餐所帶來的好處而言，這些好處有部分原因是因為這是強制的相聚時間。然而目前並不清楚，這段時間是否必須花在共進晚餐上，才能感受到正向效果。或許這段相處時間可以是早餐、在放學後一小時的時間，或是就寢前的床邊時光。什麼時間適合你的家庭呢？

家人共進晚餐與餐飲選擇是一場漫長的比賽。**條列出你的方針，並仔細考慮你希望自己及孩子的飲食與用餐時間是何種風貌，是有幫助的**，但這不是一蹴可幾。我希望我的孩子每天晚上都能和我們共進晚餐，但是我五歲的孩子總是一直離開座位。如果他這週離席的次數比上週少一點，那就算成功一大步了。同樣的，你會碰到連著幾週或幾個月的時間，孩子真的只吃義大利麵，而要和他們為此爭吵，實在是太費力了。就和許多其他事情一樣，請確認你的目標，並且明白，要歷經一番努力才能達成目標。

數據告訴我們的重要訊息

- 我們關於「健康飲食」的數據非常糟糕。不要只因為某些研究結果，就強迫孩子吃奇亞籽！
- 有證據顯示，口味是在孩子童年時期形成的，所以如果你真的想讓孩子攝取某些食物，讓孩子盡早接觸這類食物，是個好主意。
- 反覆接觸食物會增加孩子對它的喜愛，特別是如果你將他不喜歡的食物（例如蔬菜）與喜歡的食物（例如沾醬）搭配在一起。
- 家人共進晚餐與孩子的良好表現之間，存在很強的相關性。但考慮到家庭與家庭之間的其他差異，我們很難做出因果關係的論述。

回到大局

退一步思考，這裡有兩個重大決策。第一，你們家對飲食有什麼規定（如果有任何規定的話）；第二，你們的用餐安排如何？從某種意義上說，這兩者彼此相關。計畫家人定期共進晚餐可能會影響你們對餐點的選擇，反之亦然。但是我認為至少在初期，把兩者分開考量，比較合理。

就第一個問題，你要考慮自己希望孩子的飲食型態，以及你要做何安排以實現這個目標。蔬菜的問題怎麼處理：硬性規定孩子吃蔬菜嗎？以鼓勵的方式讓孩子吃蔬菜嗎？如果是這樣，採取什麼做法呢？糖／甜點：都不能吃嗎？有些時候可以吃嗎？只有在特定情況下吃嗎？

在我看來，谷歌文件是保存這類列表的理想地方。很容易隨時更改，也很容易和別人分享。

關於家庭晚餐與一般用餐安排的決定，則更為複雜。就和睡眠一樣，這裡要考慮現實的侷限。比方說，如果你決定，孩子每天六點在家與至少一位家長或一位大人一起吃晚餐，這會限制孩子的課後活動與大人的活動。更不用說還需要考慮烹調餐點的事情。

然而解決的辦法很多。一位和我聊過的家長說，對她而言，重要的是孩子每天晚上都能和大人在一起，好好坐下來吃飯。但她不可能永遠是那位大人，其實，她們家的兩個大人很少能在晚餐時同時出現。但他們想辦法，讓每天晚餐都有一位大人（有時是為他們工作多年的保姆，有時是家長）在場。

也許你希望每週家人共進兩次晚餐，或是一次。或許共進晚餐是不可行的，但家庭早餐是你們辦得到的。**關鍵點是，要弄清楚對你們來說，什麼事情是重要的，以及你希望你們家如何安排用餐**。如果你有另一半，你們要對這些考量有一致的看法，也要仔細考慮分工。如果你們都同意家人共進晚餐是優先事項，那你們雙方都應該有所付出（或者至少應該考慮這項可能性）。

當你仔細考量整個計畫時，讓我們承認，家人共進晚餐可能是一項挑戰。為全家規劃餐點，或許還要顧慮許多挑食的家人，的確煩人。計畫餐點的應用程式、料理懶人包，甚至美食外送服務等資源，都可以幫助解決這個問題。讓自己偶爾休息一下可能也有益處。不是所有的家庭晚餐都需要是Instagram美照等級。經常吃義大利麵也沒關係，或是貝果三明治。我的孩子至少每兩週吃一次鬆餅當晚餐。

這是設定優先順序的一環。決定好家人共進晚餐對你們來說很重要，或許這還代表，你得在飲食上發揮一點創意。這樣也不錯。

07 教養風格

你屬於哪個教養派別？你是一位虎媽，在小提琴／鋼琴／排球／數學／寫程式方面，不遺餘力地督促孩子嗎？你是一位直升機爸爸，經常檢查孩子是否做完家庭作業、是否記得帶體育課的運動鞋以及各樣東西嗎？你是自由放養型的家長，讓孩子獨自在社區附近來去自如嗎？你是鴕鳥型父母，把頭埋在泥堆裡，假裝一切相安無事嗎？

好吧，最後一型是我隨口編的。但如果這是一本不同的書，我相信我可以向大家推銷這類型的教養。

在談到這些教養標籤時，大多帶有貶損的意味。我們當中很少有人會自我認定為直升機父母（或是新的「鏟雪車」家長），而除了蔡美兒之外，多數人可能不會標榜自己的虎媽身分。但這些廣為使用的教養標籤，和任何型態的認同建立一樣，每位家長可能會感受到歸屬於其中某特定類型的壓力。

這本書大部分的內容都是有關做出自己的教養決策，所以，我認為應該要反對這類標籤，應當不會讓你覺得驚訝。教養終究是關於家長的作為，而不是被賦予的代號。**你可以從**

不同的教養哲學中，挑選其中的不同元素，並且加以融合。在孩子早期的生活中，你可以如此奉行——你可以做一位哺餵母乳到孩子兩歲的媽媽（依據依附教養，attachment parenting），卻仍然（堅定地在依附教養理論之外）從事睡眠訓練——，而這種情形隨著孩子的成長，可能還會更加常見。

但是你的確必須做出選擇，而在此所討論的是一組非常重要的大局問題：

- 你從旁協助孩子的程度多寡？
- 你參與孩子日常生活的程度為何？
- 孩子自由進出家門的自由度多寡、從什麼年紀開始？
- 你對孩子獨立生活技能有何期許？從什麼時候開始？

你會注意到，這些問題並沒有提到額外的數學作業，或小提琴比賽，或任何其他典型「虎爸虎媽」的決定。媒體傾向把這些問題混為一談。要嘛你是位虎爸虎媽，時時刻刻站在孩子的身後，逼他們寫完一張又一張的練習題；要嘛你容許孩子自行外出，偶爾才檢查他們的作業。不過其實你可以把孩子的獨立性視為優先，但同時孩子也可以參加課後輔導，不一定只能遵循一種教養哲學。

但在這裡，「經濟學家風格」方法的目標，著重於個人決策。這種做法讓我們可以把簡單二元的決定區分開來。你可以給孩子行動自由，但仍然要求他們每天練習鋼琴。「散養教養」（free- range parenting）的代表人物絲珂納姬（Lenore Skenazy）在她的書中指出，儘管自由散養孩子是她的風格，但是她仍然曾經在某個暑假，讓她上小學的孩子每天做一堆練習題。[1]

在承認這些標籤是可分割的之後，我想在這一章來討論關於獨立性的問題（在本書的最後一部分，會有更多有關家庭作業、課後輔導，以及課外活動的討論）。

當我們專門討論獨立性時，我們其實是在談論兩種主要的方式，我將這兩者稱為直升機與放山雞。為了具體討論，我們想想一個十歲孩子早晨的例行程序。

這是選項一：

當鬧鐘在六點五十分響起時，戴倫醒來，然後自己起床穿好衣服。他下樓吃早餐，為自己煎了蛋配吐司。早餐吃到七點二十分，然後去刷牙。他檢查自己帶了回家作業、帶了放學後踢足球所需要的所有東西，然後步行三條街的路程去上學。

這是選項二：

你在七點搖醒戴倫，他起床（他睡得很好，孩子需要睡眠）；你替他拿好衣服，放在床上，這樣他就知道該穿衣服了。他下樓來，你已經為他準備好早餐。他吃早餐，然後你在七點二十分提醒他需要去刷牙了。他照辦。同時，你檢查他的回家作業是否放在背包裡了、是否帶了足球鞋。你把他的夾克拿出來，準備出發。七點半你上樓叫他，讓他知道上學時間到了，你們兩個一起走路到學校。

在某些方面，看著這些，你可能會認為選項一（更接近散養的建構）似乎「較佳」。但是如果你選擇選項一，除非你的孩子有魔法，否則大概二五％的時候，他會忘記帶足球鞋或忘記帶回家作業。有時他可能會忘記設鬧鐘，然後睡過頭了。這樣一來，你怎麼辦呢？你會幫他送鞋子去學校嗎？你會送回家作業到學校嗎？當鬧鐘沒有響的時候，你會叫醒他嗎？

再思考一下選項一，你對十歲的孩子獨自步行上學真的放心嗎？放心讓孩子使用爐子煎蛋嗎？很顯然的，你的煎鍋會被弄得一團糟。

在這兩種極端的教養方式之間，有很大的範圍——從完全獨立到完全依賴。而老實說，**良好的（成功、快樂的）教養方式可以出現在這軸線上的任何位置**。或許你最終會認為，孩子的工作就是在校成績優良，並且專注於課外活動，而你的工作就是幫助他實現這個目標。

而如果這代表為孩子做早餐，好讓他可以多幾分鐘的睡眠，這是一個合理的交換。沒錯，這是直升機教養的某個版本，但這也可能是你所滿意的教養方式。

我的論點不是說這兩者中的某一教養方式較佳，而是希望你能審慎選擇自己在其間的立場，並且對證據有些理解（之後會有更多數據的討論）。在現實中，為孩子提供遠超過原先所預期的支援，是很容易發生的事。

假設表面上你打算讓七歲的孩子自己上學前穿好衣服：上衣、褲子、襪子、鞋子。假設每天當他穿衣服時，你會說上幾次，「嘿，你有襪子嗎？」這是隨口說說，不是真心要從旁協助。你忙著照顧他三歲的妹妹，你只是碰巧提到襪子，因為他似乎常常沒穿襪子。但是你有信心他可以自己獨立穿好衣服。

然後有一天你出差去。大家上學遲到了。你太太打電話來，她有點生氣。「他應該自己穿衣服的！我們遲到了，因為他忘記穿襪子，還忘了兩次！」然後你了解到事實上，孩子還無法完全自己穿好衣服。沒錯，雖然他自己穿上褲子和上衣，他甚至還自己穿上襪子，但是他並沒有真正承擔責任。

鼓勵獨立需要很大的決心和努力，尤其對年紀小的孩子來說，那可能會非常困難。有一次，我的兩個孩子決定他們要自己煮飯。太好了，不是嗎？他們那時候分別是四歲和八歲。我毫不誇張地說，那時候我以為自己快瘋掉了。他們的動作非常遲緩，那簡直是種折磨。我本來可以用比他們快一百萬倍的速度煮好飯的。而且他們把廚房搞得很髒亂。芬恩把手上沾到的蛋液抹在廚房的檯面上（如果你好奇的話，乾掉的蛋白基本上需要被刮除掉）。從某方面說，這是值得的，而且我知道，學煮義大利麵對他們有益處。不過所需的耐心幾乎超出我的能力範圍。

儘管鼓勵獨立很難，但獨立的價值則不難看出。在當前的環境中，對更加獨立的要求已經開始有點歇斯底里的感覺。許多人認為，較年輕的世代比較不獨立、不能幹。[2]別的先不說，他們認為，如果我們給孩子太多協助，孩子將無法自謀生計。在我們試圖幫助孩子成功的過程中，我們反而造成他們的失敗。

當這些能力較差的孩子上大學時，比較沒有能力獨自處理問題。從搖醒你十歲的孩子到搖醒你十八歲的孩子，可能只是一步之遙。但是當孩子離開家，你不可能跟著去叫醒他們。當孩子第一次搬到自己的公寓時，他們每餐都必須吃Subway，因為你從來沒有教過他們如何煎蛋。

當我上大學時，我最初寫給媽媽的電子郵件中，有一封是請她寄電池給我，因為我搞不清楚該怎麼買電池。那時候，我已經是個實現目標進入哈佛就讀的人，而或許更重要的是，從我宿舍的窗戶其實就可以看到藥局了（譯註：藥局也販售電池）。但我終究學會了獨立，雖然不是發生在我媽媽寄電池給我之前。

數據怎麼說呢？直升機教養真的有什麼壞處嗎？而從另一方面來看，直升機教養有任何價值嗎？

家長參與的好處

從全球的角度來看，家長參與和孩子在校以及在其他方面的較佳表現有關。例如我們可以從一九八〇年所發表的一項有關英國兒童的研究中看出這點。[3]這項研究報告了大約兩百五十名七歲和八歲兒童的數據，並且研究媽媽的「輔導」（在此是指聽孩子大聲朗讀）與兒童閱讀能力之間的關係。他們發現，有媽媽指導的孩子閱讀能力較佳，即使是用統計方法控制個別智商差異之後。

當然，我們擔心輔導孩子閱讀的家長在其他方面會有所差異，但是我們也從隨機實驗中看到支持這項發現的證據。[4]證據似乎指出這樣的結論：家長的教導有助於在小學階段提升閱讀能力。

家長高度參與的教養可能具有的價值，也遠超過閱讀技能。一項針對高中生的研究顯示，家長參與和較佳成績以及較佳在校表現有關。[5]

這種影響在綜合分析中得到證實，這些分析顯示，參與度較高的家長，他們的孩子在學校的表現較佳。[6]其中有些研究是針對年齡較小的孩子，也就是本書所針對的就讀小學或國中的孩子。

在這些綜合分析中，研究者試圖區分哪種類型的家長參與最為重要。這很難辦到，因為這些研究大多不是隨機研究，而且家長各項行為的結果，通常很相近。但就他們可以得出的結論而言，這些研究指出，**重要的是家長的態度與家長的鼓勵，而不是對回家作業的具體幫忙**。能釐清何者為重是好事，家長要以支持孩子的態度來參與，但是不要在孩子睡覺後，替孩子做希臘神話透視圖的作業。我們當中不會有人這樣做，對吧？

這些論文多數注重課業成績，因為成績很容易測量，但也有一些其他方面的研究。有個研究發現增加家長和孩子之間分享性知識，可以減少風險行為，最顯著的是增加保險套使用的知識。[7]這當然與就讀小學的兒童無關，但我們可以推知類似型態的共享知識會對孩子有幫助。

重要訊息：數據證實了你可能預料到的結果——大體而言，**參與孩子的生活有正向效果**。

家長參與的壞處

好吧，所以高度參與的教養方式是好的。你希望支持孩子的學業與其他目標，監督他們，對他們所從事的事情有所了解等等。這樣很容易進而有更多參與，因為孩子做事總不如你能幹，畢竟他們還只是孩子。你能夠透過告訴孩子課業很重要來支持他們；也許更好的支持是，你可以透過檢查來確定他們把作業放進背包裡了。那與孩子老師的聯繫呢？如果孩子學習有困難，或是回家作業太多，或許主動聯絡老師就成了你的工作，以便了解你能如何幫助孩子。

這就開始轉向「直升機式」教養行為了，而對這方面，研究結果的確提出一些顧慮。這些顧慮主要是在檢視大學生時所產生的。研究認為，非常積極參與孩子生活的家長，他們的孩子（尤其當孩子其實已經上大學了）自主性較低，並且也較少與同儕互動。[8]研究認為，以這種方式教養的孩子，比較容易感到焦慮，甚至比較容易濫用止痛藥。[9]一項對三百名大學生的研究顯示，自認父母是過度參與的直升機式家長的學生，比較容易感到憂鬱沮喪。[10]

這些結果令人憂心，但是這些研究所得的結論很難對我們有所啟示，因為在多數情況下，那些教養方式是由孩子所告知的。在上述對三百名大學生所做的研究中，關鍵在於學生認為自己的父母過度參與。這指出問題可能在於，年輕人所希望的父母參與程度，與父母實際參與程度並不相稱。一個頗具說服力的對照來自一項研究，這項研究顯示，只有在大學生認為自己的父母不「溫暖」時，直升機式的教養方式才會與負面結果相關。[11] 對這個結果的一種解讀方式是，如果你喜歡你的父母，他們的參與就會是有益的；如果你不喜歡你的父母，那他們的參與就不見得有好處。

除了這類的證據以外，我們其他的資訊主要來自大學行政人員非正式的說法。大學的學院院長報告說，有很多學生從來不用鬧鐘叫醒自己，遲交作業也沒有親自和老師聯絡過。[12] 他們無法獨自駕馭大學的世界，他們的父母透過電話、簡訊、電子郵件和他們保持密切聯繫，來監督他們。

這樣有問題嗎？

就我的看法，這取決於你想要達成的目標。這或許是一個有用的整體架構。如果你的計畫是永遠保持高度參與孩子的生活——幫助他們度過大學生涯、研究所、第一份工作、第二份工作、步入婚姻等等——這是個頗為貫徹的計畫。然而，如果在某個時候你希望讓他們自由飛翔（我對自己的孩子的確如此期盼），那你需要在某個時候放手。

大學時期可能是放手的好時機，但其實也為時已晚。坦白說，期待那些從來沒有自己管理過任何事務的孩子，突然間要事必躬親，實在是強人所難。而且當你在電話或電腦的另一端，不消一分鐘便可隨傳隨到時，放手的計畫就難以貫徹。

高中是另一個好時機，但是那個時期也很難辦到，這個階段孩子越來越忙，而且這時期的考試成績對他們的未來也更形重要。如果你等到孩子十一年級，才強迫孩子自己起床，你就是冒著讓他們可能錯過某次對前途可能很重要的數學考試的風險。因此這時期也可能很難貫徹放手計畫。

我認為，**大孩子建立這種新行為的困難，正是鼓勵孩子早點建立自主性的最有力論據**。如果你上四年級的孩子對自己的回家作業負責，並學到忘記帶作業的後果，那對他來說可能是個深刻的教訓，但那不是高中二年級。他們的成績不致受影響。如果你上四年級的孩子該自己起床卻睡過頭，上學遲到了，那可能意味著他們會錯過一些自己喜歡的活動，像是閱讀時間或某些晨間活動，但那不是關鍵性的求學目標，所以較無妨。

我在旅行的時候，和許多高中應屆畢業生的家長交談過，他們有點難為情地承認，自己仍然為孩子做早餐。「他很努力，」他們說。「我只是想讓他多睡幾分鐘。」我了解這點！但我們可能也會同意，在一個十七歲孩子高中最後一年剛開學時，突然提出要他自己做早餐的挑戰，似乎有些苛刻。然而，當他們離家時，這就是他們將要面臨的事情。

他們必須教會自己早起準備早餐，或是準備很多燕麥棒或其他食物，好讓自己能在去上課的途中吃。你不要拖延孩子必須自己準備早餐的事實，而是思考什麼時候孩子必須開始自己準備早餐。我的意思是，如果你真的讓孩子在八歲開始負責自己的早餐，可能就不會有這種問題。因為在十七歲以前，孩子就能駕輕就熟了。

數據告訴我們的重要訊息

- 參與度較高的教養方式似乎對孩子的課業成績有些好處。
- 但反面來看，調查數據似乎認為，過度參與可能會導致日後的焦慮。
- 其中可能有個中庸之道，但這在很大程度上取決於你的個人喜好。

回到大局

我自己對孩子獨立性的想法深受費朗（Thomas Phelan）的影響，所以我在這裡要向他的大作《總管媽媽的流行病》（*The Manager Mom Epidemic*，暫譯）致意，我發現這本書對思考如何讓孩子承擔更多個人責任，非常有用。我建議你從頭到尾讀完他的書，但是我要在這裡強調一個關鍵概念：**責任的完全轉移**。

當家中某人（孩子或大人）負責某項任務時，他們對這項任務要充分負責。**這代表他們**

負責計畫如何執行、執行任務，並且承擔沒有執行任務的後果。如果孩子被賦予記得帶足球鞋的工作，他們要負責想好如何確保自己會記住這件事、他們要記得帶球鞋，然後如果他們忘記了，他們要決定如何解決這個問題。如果他們的任務是做早餐，那他們要執行所有做早餐的工作（在人身安全的範圍內）。

類似的邏輯可延伸到個人的行動自由。如果你允許孩子在後院玩耍，那他們就可以在後院玩耍。他們可以自行決定是否要到後院玩、什麼時候到後院玩。如果你覺得天氣太冷、太熱、雨太大，還是蚊蟲太多，那是你的問題。這終究是孩子自己的選擇。

當你要將這點列入你們家的大局時，依不同事情來考慮，可能會有幫助。

首先是個人行動自由：孩子有多少行動自主權，特別是在戶外的時候？他們可以自己單獨在家附近嗎？可以離家多遠？他們可以單獨從學校步行回家嗎？可以自己過馬路嗎？他們可以和朋友一起騎車去公園嗎？你是否需要隨時知道他們的行蹤？

其次是孩子對自己身體健康的個人責任：他們負責照料自己生活的哪些部分？自己起床嗎？自己穿衣服？負責準備部分餐點嗎？是否自己打包午餐（如果帶午餐上學的話）？他們自己洗衣服嗎？他們自己決定洗澡時間嗎？

最後還有課業責任的部分：他們自己負責解決家庭作業及其他課業相關問題到什麼程度呢？他們是否負責決定做回家作業的時間，並且自己做作業呢？還是也許你們一起討論什麼時候做作業，但他們負責記得把作業帶去學校？我會把課外活動的責任也歸入這個類別。如果你的孩子在學樂器，誰來決定他們的練習時間呢？他們練習時你會在一旁盯著嗎？

所有這些決定的基礎是孩子的年齡。孩子是五歲或十歲（而且並非所有十歲的孩子都適用相同的方式），那麼前面所有問題的答案都會非常不同。當你完成大局關於責任劃分的部分時，你需要定期重新檢討。

PART

3

數據研究

如果你已經制定好你們家的大局安排，並且已經建立好一個決策系統，那麼原則上你已經準備就緒，足以應付一切了。你已經決定好什麼對你們家來說是真正重要的事項，你可以以此作為指路明燈，即使在路上遇到意料外的狀況，也能駕馭自如。

截至目前為止，我們的方法和商學院第一年的課程相似。當我教授企業管理碩士生個體經濟學時，我著重在大局的工具與主題。我試著幫助學生明白，理解諸如「需求彈性」之類的基本概念，如何成為做出優良決策的關鍵所在，即使他們所面對的問題鮮少是「自己公司的需求彈性如何？」

接著還有另一套商學院的課程。這些課程著重案例，通常稱為案例研究。學生從真實的業務狀況中，研究真實公司的經驗。他們檢視公司做對（或做錯）的事情，然後試圖從證據中蒐集一些通用的教訓。理想的情況是，他們會學到，公司如何實際執行他們從基礎課程中所發展出的大局想法與工具。

這些案例並不會告知學生實際的做法。在一九八〇年代，有一個非常著名的案例是VHS和Betamax這兩種家庭錄影帶格式，互相爭奪主導地位。我們現在仍然教授這個案例，並不是因為當今的企管碩士學生有可能捲入一場錄影帶市場爭奪戰，而是因為這個案例的事實，呈現出某些與當代決策相關的重要原則（爆雷：VHS勝出）。

你現在到了本書的案例研究部分。更精確來說，這是數據研究部分。的確，原則上你完全能夠依據你們家的大局和工具做出教養方面的決策，而且一定會有些問題是只有你們會遇到，別人的經驗對這些問題毫無助益。

但是，有幾個領域許多家長都會考慮到，並且這些領域有共通的證據。正如同所有公司都不應該犯Betamax所犯的錯誤一樣，所有家庭也不需要自己去發掘有關入學年齡的基本證據，以決定孩子應該何時就學。「數據研究」大部分不會直接應用在任何特定孩子身上，但它們為家庭的選擇提供一個起點。

本書的數據研究著重四個領域：學校、課外活動、社會情緒問題與娛樂。我會試著先概述該領域可能出現的各種問題，並討論數據在哪些方面會有幫助或沒有幫助。你會遇到很多問題是沒有任何證據可供參考的，在你掉進無底洞之前明白這一點，或許會有幫助。

然後，我會討論某些確實有證據能有助於決策的地方，並討論數據的真實意涵、核心的教訓所在，以及證據仍然不足的地方。

最後，在每部分的結尾，我會回到家庭在這些領域可能會面臨的具體「案例問題」，並仔細討論如何使用前面章節中所提倡的方法，可能再加上本章的數據，來做決策。很可能這些案例問題不會恰好就是你的問題（除了擁有手機的恰當年齡，說實話，這是每個人都會遇到的問題），但是透過觀摩別人如何處理問題，你可以得出一些相似的道理。

所以，讓我們進入正題吧。

08 學校

讓我們做一點算數。你的孩子每天會在學校度過八小時，每年一百八十天，這會持續十三年，那就是一萬八千七百二十小時的在校時間。當你以這種方式看待學校時，就不難看出為什麼對許多人來說，關於選擇學校的決定似乎非常重要。就讀哪所學校？什麼時候送孩子入學？我們應該增加一些課後輔導嗎？如果可以選擇學校，我們如何評估不同的學校呢？

正確的選擇通常並不明確。且這不像訂購早餐，如果你點得不好，明天還可以再來一次。選擇學校感覺像是一個非常重要的決策，你只有一次機會，而且我們沒有相關背景或專業知識。祝你好運！歡迎來到教養的世界。

但值得記住的是，雖然選擇學校是一件大事，但學校並不是一切。即使在就學期間，孩子醒著的時間，在校外比在校內還多（如果把睡眠時間也算進去，那時間還更多）。我猜你不是生活在一九四〇年代的英國貴族，因此你可能不會送你六歲的孩子去寄宿學校。如果你選了一所不合適的學校，你可以重新考慮這個決定。這不會像早餐那麼有彈性，但也不是毫無餘地。對選擇學校的決定審慎思考是值得的，但賦予這些決定超過應有的關注（和擔心）

也無益處。

家長對學校的問題，範圍廣泛，有些問題已經被廣為分享了。我應該延後孩子的入學時間嗎（這問題在本書開頭已經討論過了）？我應該嘗試抽籤進入特許學校（charter school，編按：一種公辦民營的學校，通常有其教育理念、較具有實驗性質），還是就讀學區的公立學校呢？私立學校值得嗎？

有的問題比較帶有個人獨特性。我是否應該送我的某個孩子上私立學校，即使我不打算送其他孩子去私立學校呢？我上一年級的孩子討厭寫回家作業，我應該告訴他不要寫，還是應該和校方談談，或者告訴孩子，無論如何都必須做回家作業呢？我的女兒閱讀有困難，我認為她的老師沒有用對方法解決這個問題，我該跟學校反映，還是找家教（到底家教會不會有幫助呢）？我們如何考量學校裡的種族或族裔多元化情況，如果孩子屬於多數族裔或少數族裔，會因此而有不同的考量嗎？

就學校教育這件事而言，數據上有一些好消息。具體來說，我們有數據佐證。

教育，特別是學校，通常是經濟學與社會科學的熱門話題。一個關鍵原因是，這是一個十分重大的政策議題。美國政府每年在公立學校的支出大約是七千億美元。然而成效卻不卓著，美國學生在學習方面落後其他國家（西歐國家、日本、韓國等）的事實，令人備感遺憾。而這種爭論已經持續幾十年了。

這種關注促使數據研究的產生，有時候甚至會有非常亮眼的數據。正如我在本章後面會討論到的，我們的確知道一所優質學校的組成要素，知道特許學校相較於公立學校的價值，也對私立學校有所了解。我們對入學年齡有些許了解，甚至對回家作業和其他輔導課程也有少許了解。在多數或所有這些領域中，我們有來自頗具說服力的研究證據，這些研究在鎖定教育的影響並排除家庭背景影響方面，做得很好。

在此同時，這也是釐清數據對我們無益之處的好地方。我想指出兩大侷限。

首先，我在接下來的數據研究中所討論的證據，幾乎都集中在考試成績上。為人家長的你，除了考試成績之外，可能還關心孩子的其他表現，例如他們在學校裡快樂、自信嗎？是否獲得支持？並不是說在州級測驗或全國測驗中表現良好的學校，就無法提供學生這些特質，我們只是無法確認，因為這些特質很難加以評量（有時我們會測量家庭對學校的「滿意度」，但那並不是同一回事）。

孩子在學校是否會快樂，顯然應該是你決定將他送到某間學校的原因之一，然而這個答案無法從數據中得知。

第二個問題是，大部分的證據，尤其是關於選擇學校的證據，通常著重政策關注的社區，特別是成績表現較差的學區與弱勢族群。如果你很幸運住在一個有許多風評甚佳的公立學校可供選擇的地區，那麼這些數據是否適用於你的個別情況，就難有定論了。

這個問題在我們談及私立學校時，以及如何在私立學校之間做取捨時，更形重要。如果你要在兩所風評不錯的私立學校之間進行選擇，並且你正在評估兩者在全州機器人競賽中的相對表現，那麼就沒有任何系統性的數據可以幫忙。同樣的，如果你在兩所擁有不同教育哲學的私立學校之間做抉擇，例如貴格（Quaker）學校與蒙特梭利（Montessori）學校，那麼數據也幫不上忙。

最後，如果你正在尋找關於在家教育或「非學校教育」（一種減低任何傳統教育型態的教育哲學）的證據，你不會在數據本位的資源中找到資料。參與這些非傳統形式教育的選擇是如此獨特，所以幾乎不可能把與之並存的其他特質與學校教育的任何影響區分開來。

這不代表這些選擇（哪種類型的私立學校、是否在家教育）不重要，只是你無法把參考數據納入決策過程的一環。

在接下來的幾頁中，我會討論三項數據研究：關於選擇學校、家庭作業以及課業輔導。最後，我會討論一個具爭議性的議題，關於孩子如何學習閱讀，以及哪種方式是教導閱讀的最佳方式。教育問題的第四個關鍵部分是入學年齡，我們在前面已討論過這一點了。

在本章最後一節，我要解決一個特定的決策問題，類似我在本書開始時，對入學年齡的解析一般，這會闡明我們如何將這些工具統合起來。

學校選擇：公立學校、私立學校、特許學校

最基本的問題是：哪種類型的學校？

你如何考慮這點，有很大的程度是取決於你居住的地方；同理可推，你選擇居住的地方，可能也會受到學校的影響。

潘妮若碧三歲時，傑西和我到西岸求職。她還沒有正式上學，但她夠大了，所以我們知道不久後就要上學了，因此調查各類學校的情形是我們求職重要的一環。這個過程的主要收穫是，各地域的地理景觀差異偌大。

我們參觀了學區很棒的公立學校，大家似乎都住在一兩所優良小學的步行範圍內。而另一方面，我們也發現了公立學校學區問題重重的地方。學校的選擇似乎比較可能是上特許學校或私立學校。

同時，如果私立學校是擺在檯面上的選項之一，那麼預算的考量就很重要。我曾經和另一位媽媽談及選擇送孩子就讀私立學校，可能代表他們得搬到更小房子的現實，家人對這種犧牲該做何感想呢？

當你面對這個選擇時，從哪裡開始找數據呢？思考兩個問題會很有幫助。第一，某些「類型」的學校是否比其他類型的學校「較佳」——我們是否應該總是偏好特許學校或私立

學校呢？第二，這些數據是否顯示一所好學校的要素大抵有哪些——當你對選項進行篩選時，有任何具體的指標是你能多加留意的嗎？下面的內容將會回應這兩個問題。

數據怎麼說：學校類型

關於教育的文獻有很多，更不用說有為數甚多關注學校教育的智庫與政策組織了。你或許認為，有這麼多的研究和政策關注，我們就能夠輕鬆回答什麼型態的學校最好的這個問題。

但事情並不是那麼簡單。你無法透過比較這兩類型學校的孩子來評估，例如私立學校是否比公立學校成就更好。私立學校的出席率和家庭的許多其他特徵有關。因此，簡單的比較不可能產生任何有價值的資訊。

即使是看似簡單的比較，像是把同一學區內就讀特許學校的孩子和就讀公立學校的孩子做比較，實際上也很複雜。例如追求特許學校的家長，很可能有別於那些不追求特許學校的家長（也許對孩子教育上的成就付出較多）。所以或許重要的是這些差異，而不是學校本身。

那該怎麼辦？理想的方法，是利用某種方式的隨機化。例如如果你隨機分配一些孩子到特許學校，你就會更有信心獲得因果推論。至少特許學校是透過抽籤入學的，所以我們的確可以這麼做。

這要如何實行呢？讓我們從一個簡單的例子說起。

麻薩諸塞州的林恩市位於波士頓北方，居民收入相對較低，這裡的公立學校學區向來表現不佳。[1]在二十一世紀初期，一所由名為「知識就是力量計畫」（KIPP）的特許學校體系所經營的特許初級中學在林恩設立。起初沒有多少學生想去這所學校，所以凡是來登記的學生，都可以入學就讀。然而幾年後，來申請的學生比學校能接受的名額還多，平均來說，九十個名額會有兩百人申請。

麻州有不少特許學校，它們都遵守麻州的規定：如果學校的申請人數超出錄取人數，那麼學校必須透過抽籤來決定錄取哪些學生（如果你想知道這是如何運作的，可以在一部優秀的紀錄片《等待超人》（*Waiting for "Superman"*）中，透過更大規模的體系——紐約市來了解）。辦理這類抽籤有很多種方法，但關鍵點在於，這是隨機的。有些孩子隨機被選中，獲得入學機會，其他孩子則沒能錄取。

沒有獲得入學資格的學生，通常會留在公立學校的體系中。

這表示透過日後比較這兩群孩子，我們可以了解特許學校的孩子，比留在公立學校的孩子，表現得更好，還是更差。

在這個由麻省理工學院的研究人員所研究的特殊例子中，那些進入特許學校學生的考試成績，比那些沒有抽中然後進入公立學校的學生要好很多。特許學校學生的數學成績比公立學校學生的成績，高出大約〇．四個標準差。這個數字可能沒有太大意義，但是如果從智商的角度思考，這等同於標準智力測驗六分左右。

這只是「抽籤入學」論文的一個例子，光是麻州就有很多這種例子。類似型態的學券（school vouchers，可用於支付私立學校學費）抽籤，可以讓研究人員進行私立學校和公立學校之間的比較。同樣重要的是，這類抽籤是隨機的：它們通常是公開的隨機抽籤，這讓我們有信心對結果做因果關係的解釋。

但這類實驗告訴我們，特許學校對那些來自關注特許學校家庭的孩子有所影響，也就是那些參與抽籤的人。有人對這樣的研究提出批評，因為它沒有反映特許學校對隨機選擇的孩子的影響（這些影響或大或小，其影響無法明確得知）。

密切相關（或許和個別家庭的選擇更有關聯）的一點是，這些研究有特定的地點，沒抽中的孩子所面對的替代選擇也是特定的。我們在下面的數據中會看到這方面的一些蛛絲馬跡，但是要記得，一般而言，這些研究通常關注的是低收入都會學區中表現不佳的公立學校。

這些是對我以下所說的一切內容的重要示警。但是有了這些研究，我們就可以問：文獻的大致結果為何？特許學校的一般證據是否與麻州的KIPP案例一致？還有，同樣的研究方法讓我們了解有關私立學校的哪些資訊？

KIPP特許學校的成績並非罕見。對許多城市，例如波士頓、紐約，特許學校的研究通常會發現對考試成績有大幅正面影響，差不多有〇・二到〇・三個標準差。[2]這些研究往往關注那些遵循所謂「責無旁貸」（no excuses）模式的特許學校，「責無旁貸」模式就是上課時間長、有嚴格且明確的校規、頻繁的師生交流。它們通常座落於成績表現不佳的都會學區，在這些學區，特許學校的替代方案就是表現不佳的公立學校。

最後這點很重要。在一篇統合了一百一十三所特許學校抽籤數據的論文中，研究者發現整體的影響是正向的，但其實比起只針對波士頓或紐約時所看到的成效要小得多。相較於〇・三個標準差，這些影響其實更接近〇・〇四到〇・〇八個標準差。[3]這差異背後的某些原因似乎是，備選的公立學校越差時，特許學校就更形重要。

在下面的圖表中，研究者利用來自麻州的數據呈現了這一點。他們在縱軸上畫出特許學校的影響（也就是經由抽中特許學校所提高的考試成績）。橫軸則是沒抽中特許學校的學生會去就讀的公立學校的考試成績。不同的圓圈代表不同的研究，圓圈的大小代表樣本大小，這些研究評估了特許學校的影響力。我們可以看出，在被分發的公立學校測驗成績較差的地區（橫軸偏左的部分），特許學校的確提高了測驗成績；在被分發的公立學校測驗成績較佳的地方（橫軸偏右的部分），就讀特許學校的影響則持平，甚至是負面的。

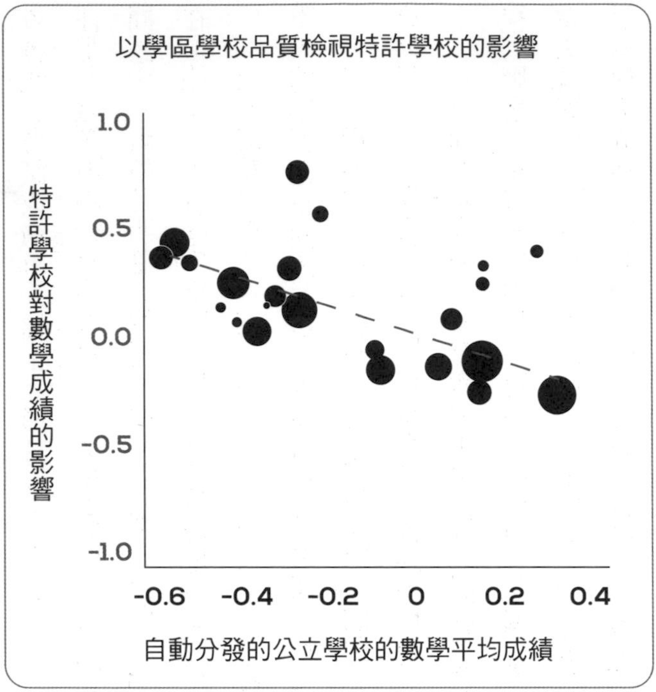

就某種意義上說，這並不詫異：備選學校很重要。從家長決策的角度來看，這指出是否就讀特許學校所要考慮的一個因素就是，備選學校是哪一所。你們所屬學區的公立學校有多好呢？

另一項事實是，特許學校較優異的成果通常來自遵循下列「責無旁貸」模式的特許學校，其中以KIPP、Achievement First和Success Academy等特許學校體系為典範。當研究者試圖找出在此架構下的哪些元素特別重要時，大多一無所獲。某些證據顯示，加強輔導有幫助，但到頭來，最大的因素似乎是，這類特許學校較常設立在替代學校選項更差，成績欠佳的地區。

那私立學校呢？他們顯然比公立學校好嗎？

在這方面最好的證據再次來自抽籤制。這一次，抽籤分配的不是特許學校的名額，而是可用於支付私立學校學費的學券。類似這樣的計畫已經在紐約和華盛頓特區等許多城市實施，也似乎的確發揮了適度的正向影響，尤其是對非裔學生。[4]密爾瓦基的一項研究發現，獲得學券的學生，數學考試成績大體上進步較快，他們的數學考試成績每學年提高一．三分。[5]

與特許學校的成果相比，這些結果較不出色，也更為薄弱。一些研究發現，學券有重大的負面影響。[6]同樣的，問題似乎部分出於備選方案。具體的情況是，比公立學校學區品質更嚴重的問題是私立學校選項的品質。學校學券的金額不是特別高，多數情況下僅夠支付比較便宜的私立學校。除此之外，願意參加學券計畫的私立學校，通常是那些需要招收更多學生的學校，但招生人數不足可不是學校品質的好徵兆。

從家長決策的角度來看，我認為這些結果比特許學校的證據更不管用。學券的情況感覺上和許多家長的決策無關。而這些結果也並沒有真正回答，平均而言，私立學校是否優於公立學校的問題。換個說法，如果你有足夠的資源就讀一所有競爭力且財源充足的私立學校，學券或許是也或許不是適合的選擇，然而你不應該依賴這裡的證據，來告訴你所做的決定是否正確。

我想在這裡暫停一下，來談論關於學校對話中的種族議題。測驗成績較低的學校通常不成比例地招收過多非裔與拉丁裔學生。這些學生比較可能就讀測驗成績較低、財務不足的學校。其中的一個影響是，特許學校或學券計畫，對有色人種的學生產生的正向影響，往往不成比例。作為一個國民，我們努力處理種族主義所遺留的問題，以及當今的種族問題，特別是反非裔的種族主義。就讀低素質學校與警察暴力不同，但這是種族主義系統的一環。除了家長對學校的個別選擇之外，任何有關選擇學校的討論，都必須納入這個事實。

數據怎麼說：學校特色

就不同的學校類型做一般性的比較是一回事，但還有一個更基本（而且從數據的角度來看，更難回答）的問題：

什麼是「優質」學校？假設你有幾個考慮中的學校，你要觀察哪些事項，來分辨哪個學校最好？

數據告訴我們一些有趣，但或許和決策無關的事情。例如幼兒園大班的老師真的很重要。我最親近的同僚傅利曼（John Friedman），他和夥伴在二〇一一年的一篇論文中發現一件事。他們發現，孩子有一位經驗豐富的幼兒園大班老師，不僅在幼兒園的表現更佳，而且在他們二十多歲時收入也較高。[7]

在一篇相關的論文中，相同的作者發現，一般而言（也就是說不只是在幼兒園大班），有較優質的老師可以提高大學入學率、成年後的收入，並且減低青少年懷孕的機會。[8]

太棒了，有好老師真好。但是這件事很難在參觀學校的時候弄清楚，更不用說等你的孩子就讀時，老師可能已經換人了。

更實際一點，許多研究得出的結論是，班級規模（就是每個班級的師生比）的重要性。大量的研究顯示，班級規模較小在短期和長期都可以提高學生的成績。[9]班級規模是家長可以評估的，這可能因學校而異。私立學校通常班級規模較小，雖然即使在同類型的學校中仍有差異。

除此之外，至少有一篇論文試圖從各種細節來探討某些特許學校運作良好的原因，並且認為更長的教學時間、更全面的教師回饋，以及更多的課後輔導，是成功的關鍵。[10]教學時間很容易觀察，家長也可以透過學校是否有一套系統來評估學生的表現，來了解教師的回饋是否足夠。

最後，了解研究所輸入的資料可能和了解研究所獲得的結論同樣重要。當研究人員探索好學校的構成要素時，他們通常注重考試成績。這是你看得見的資料，所以你也可以從那裡著手。

綜合以上的資訊，完成類似下面的表格，可能有助你在比較學校時，對某些比較項目有明確的資料。看見完整的紀錄，能讓你對優缺點一目了然。可能有某所學校的班級規模較小，但是教師回饋比較不清楚，或是考試成績較差。雖然這些資料並不能自動為你做出決定，不過這可能是個起點。

值得記住的是，身為家長，你可能更在意其他事情。孩子快樂嗎？有足夠的下課時間嗎？學校多元化嗎？它的價值觀和我們家一致嗎？

就我而言，在孩子的小學階段，我最看重的面向是對團體的重視，幫助孩子成為社會中積極的成員，回饋社會。這無法列在表格裡，你需要自己思考這類的考量，此時個別學校的資料可能會有幫助，但研究數據則無濟於事。

學校名稱	（學校1）	（學校2）	（學校3）	（學校4）
平均班級人數				
師生比				
每週上課時數				
教學回饋系統完整度				
課後輔導選項				
學科能力測驗分數				

數據告訴我們的重要訊息

- 在表現相對較差的學區，特許學校（平均而論）帶來更好的學習成果。
- 在班級規模較小、老師的回饋頻繁的學校，測驗成績通常較好。
- 在比較學校時，可觀察某些數據：測驗成績、學力檢測及格率。雖然這不會包括所有你關心的資料，但可能會有幫助。

課後輔導，以及需要參加公文式教育嗎？

美國人對家庭作業與課後輔導的態度，隨著時間而有所變化。[11]二十世紀初期，家庭作業被認為是學習的重要一環。然而到了一九四〇年代，它被視為沒有必要而失寵。不過在一九五〇年代，家庭作業又變得越來越多。這種情況在一九六〇和一九七〇年代再度下滑，直到一九八〇年代又恢復，因為人們普遍意識到，美國的考試成績落後於世界多數地區。

值得注意的是，這些長期的變化，不是由某些令人興奮的研究發現或新想法所驅動，而是由一種全球競爭的感受所驅使。這些擔憂的最新焦點在於，美國如何落後於日本和韓國等亞洲國家，那裡的孩子參加更多課後輔導。事實是，在韓國，有些孩子每天花好多時間在稱為「補習班」的地方。

我們目前是處於支持還是反對家庭作業的時期呢？我會說情況有點複雜。一方面，我們似乎擁有比過去更多的課後活動選項。公文數學和俄羅斯數學學院，以及各種類似課程確實有增長。在紐約市，有些家長替四歲的孩子報名參加考試先修班，好進入「對的」幼兒園大班課程。[12]

而另一方面，一些比較「先進」的學校，現在則是有意識地傾向無家庭作業政策。我最近和一位孩子即將上幼兒園大班的朋友聊天。儘管她住在全國最好的學區之一，公立小學近在咫尺，她仍然考慮私立學校，這些學校注重在國中之前，甚至就讀國中時，沒有家庭作業的原則。

她的標準並沒有明顯的衝突。可能你的原則是想讓孩子有更多時間參與課外活動，所以偏好避免會指定家庭作業的學校。把這些原則統合起來，就能對自己目前的態度，有更清楚的理解。

但是，身為家長，我們可能希望關注於具體事項。這裡其實有兩個問題。第一，你如何看待學校規定的家庭作業，這類作業值得照單全收嗎？第二，你應該如何處理額外的、非學校規定的家庭作業（如果有的話）？其中第二個問題顯然是自己的選擇。我會從第一個問題開始談，因為這在很多方面都是一個更大、更有趣的問題，而這也會直接影響到第二個問題。我還認為，這在某種程度上，也是一種選擇。就像我的朋友一樣，你可以找一個對家庭作業較有節制的學校。

但是你應該限制家庭作業嗎？數據怎麼說呢？

數據怎麼說：家庭作業

大量且極具爭議的文獻討論過家庭作業的問題。有家庭作業的捍衛者，寫過標題為〈一位老師對家庭作業的辯護〉[13]之類的文章，也有討厭家庭作業的熱心人士寫出諸如《家庭作業的迷思》之類的書[14]，又或是一九九九年《時代》雜誌的封面故事，標題為〈家庭作業太多！家庭作業對孩子的危害以及家長的因應之道〉。

雙方都有理論上令人信服的論點。在支持家庭作業方面，有幾個關鍵論點。[15]首先，家庭作業可以加強課堂上的學習。如果你在學校學習乘法表，在家練習可能會有幫助。那只是花多一點時間在某個項目上，而你在課堂上不一定有那個時間。與此相關的是，更複雜的家庭作業可能會敦促孩子培養自己解決問題的技能，而這些技能在課堂的環境中比較難以教授。最後一個重要的部分是，家庭作業藉由要求學生有組織能力、要記得做作業，而且要把作業交回學校，來提升非認知技能發展的可能性（還有其他可能的好處，包括家長的參與）。

在反對家庭作業方面，我們看到的論點是，學生的時間被浪費在成堆花時間卻沒有價值的作業上，家庭作業占用學生的自由時間、假想遊戲（imaginative play）時間，或和家人相處的時間，甚至是睡覺時間。家庭作業可能會讓學生討厭學校、厭惡學習。如果家庭作業因為高收入家庭學生的家長有更多閒暇時間，比方說，和孩子一起建造太陽系模型，或仔細檢查他們的數學作業，而有利於這些學生，這可能也不公平。

評估這些問題真的非常困難。要觀察與測量上述論點中所蘊含的許多後果，頗具挑戰性。非認知技能與愛好學習，兩者都很難以數據呈現，而且我們不能只憑直覺。對於這些後果，贊成與反對家庭作業的兩種論點，似乎都有道理。我明白為什麼讓孩子盡早學習如何記得做某件事，並徹底實行，會很有益處。我也明白為什麼十二頁的兩位數乘法習題，會讓數學惹人厭。

（除此之外，上述各個面向的價值或危害，將取決於你的孩子。一個已經熟練執行功能（executive function）的孩子可能受益較少，危害較多；而對於需要更多從旁協助的孩子，則恰好相反。）

我們起碼可以嘗試直接研究成績。家庭作業能提高校內考試或標準化測驗的表現嗎？回答這個問題有助於我們評估許多贊成家庭作業的論點——死記硬背的價值和解決問題的價值，都可以在更佳的校內表現和考試成績中顯現出來。

即便如此，這也很難做因果關係的推論。如果你將有分配家庭作業和沒有分配家庭作業的孩子加以比較，很難知道那是出於家庭作業的影響，還是出於其他因素。有些研究的確依照學生的程度，來檢視學生報告自己做家庭作業所花的時間，與學業成績之間的關係。但真要說的話，這些研究本身的問題更嚴重。像這類分析所發現的影響究竟是高估還是低估，甚至都不明確。一方面，對課業比較認真的學生可能會花較多時間做作業；另一方面，課業有困難的學生可能需要較多時間做作業。很難知道你是高估還是低估了因果關係。

對家庭作業進行隨機控制的實驗似乎不難，例如分配某些班級有家庭作業，然後另一些班級沒有作業；或是分配家庭作業給某些學生，而不分配給其他學生。事實上，的確有一些這類的隨機研究，雖然數目不多，而且通常規模很小。例如一九九〇年所發表的一項研究，一開始從四個五年級的班級開始，兩個班級分配家庭作業，兩個班級不分配家庭作業。研究發現，有分配家庭作業的學生，後續考試成績較高。然而這項研究只有四個班級，很難得出有力的統計結論。[16]

家庭作業研究證據的侷限，使得我們很難對任何結論有信心。然而，徹底檢視兩個大型的文獻（一九八九年和二〇〇六年的），很難不去觀察到證據一致指出，家庭作業對課業成績有正向影響。[17]綜觀各類型的研究，其中不乏各種偏誤，我們仍然看見這些正向影響的證據。

家庭作業的效應對年齡較大的孩子來說，要比對年齡較輕的孩子更為顯著。也就是說，有局部證據顯示，家庭作業對六到八歲的孩子有影響，而隨著孩子進入國中時期，這種影響也隨之增加。

以上都著重在有無家庭作業的二分法上，而一個相關的問題是，多少分量的家庭作業才足夠呢？家庭作業的分量似乎逐年增加。一篇文章引用資料指出，六到八歲孩子的家庭作業從一九八一年平均每週五十二分鐘，增加到一九九七年的每週一百二十八分鐘。[18] 這個問題尚未受到較多研究，而且試圖透過這項工作實現什麼目標似乎很重要。如果目標是記憶乘法表，多一點練習可能比較好；如果目標是加強工作習慣（記得把作業帶回家，然後再交回學校），這可能可以在較短的時間內達成。

當然，顯而易見，家庭作業的價值取決於學生所做的作業型態。這一點被高度強調，然而我們還是要再說一次，這很難加以研究。寫閱讀日誌的作業與做幾頁練習題的作業，兩者大異其趣；兩者可能都很好，但它們並不一樣。最理想的家庭作業應該是具有生產性和綜合性的，但並非每種作業都能帶來這些效果。

對家庭作業的討論略帶零亂的性質，反映出其辯論特質。一個經過認真思考所設計的家庭作業計畫，可能可以提升孩子的學習。在實務中，大多的數據顯示，家庭作業對成績有正向的影響。但家庭作業是否有不利的影響，以及是否可以避免，就比較不清楚了。如果這對你們家來說是一個關鍵議題，那麼你有很好的理由去了解更多關於學校的家庭作業方針——校方如何看待家庭作業、分量大概多少、校方是否歡迎任何來自家庭的意見等等。

數據怎麼說：除了學校的家庭作業以外

學校作業是一回事，但「課後補習班」呢？數學加強班、公文式閱讀練習、課後科學實驗室呢？

美國遠不及其他國家那麼注重課後學習。韓國家長在二〇〇六年花費相當於二．六％的國內生產毛額於私人補習，而整個官方教育部門的支出才只有三．五％的國內生產毛額。[19]這類「非官方教育」系統存在於世界大部分地區，尤其是亞洲。[20]

當然，美國也有一些這類的系統。但目前美國多數課後輔導仍然比較注重補救，而不是超前。身為家長，你可能因為這兩種理由而考慮課後輔導，不過課後輔導有效嗎？

基本上，是的。就某種意義來說，我們不需要詳細研究課後輔導課程就知道，一對一輔導可以提高成績。許多基礎教育文獻顯示，這種方法對不同程度的孩子都奏效。[21]這也可能是較小的班級規模通常能提升學生成績的部分原因——學生有更多個人時間和老師相處。

我們當然可以再深入探討這些數據。盧森堡一項研究的結果顯示如下圖。在這項研究中，一百二十二名學生接受了校內的課業輔導，另外一百二十二名學生則無。[22]研究者檢視他們接受課業輔導前後的成績，發現接受輔導學生的數學成績提高許多（在英文、拉丁文和法文的成績上也有相同的情形）。

談到具體的方法，有一些小型研究直接研究公文式教育（一個注重經由練習來加強技能的連鎖課業輔導班），並評量它對數學成績的影響。研究結果大多是正向的，顯示公文式課程可以提升孩子的快速計算能力（因為公文式課程注重數學計算的熟練度，所以這並不令人驚訝）。[23]值得注意的是，至少有一項研究指出，公文式教育這類的課程，可以幫助辨別並提升來自弱勢背景、具有高度數學能力的學生。

這項研究提出了一個充斥在這些討論中，並且占據大部分這類文獻的問題：課外輔導在長期不平等社會中的作用。在亞洲地區，課後輔導的費用相當可觀，而這些支出集中在較富裕並受過高等教育家長的孩子身上。[24]美國的「大學入學測驗」（SAT）輔導（雖然這並不

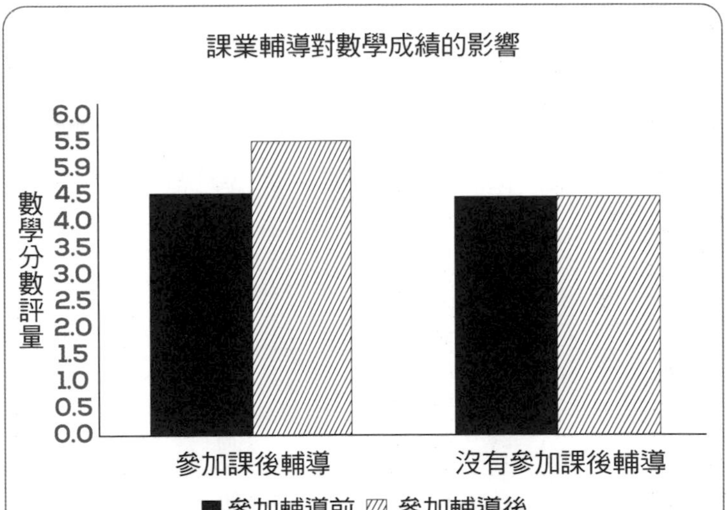

在本書的年齡範圍內），通常在較高收入家庭中較為常見。[25]

當我們問道，究竟在紐約市有誰會聘請私人家教，為四歲的孩子準備公立學校入學的資優測驗時，我們不意外地會知道，是那些擁有較多資源的家庭。

從家長決策的角度來看，從數據中可以清楚看出，藉由「額外的課業輔導」可能獲得成績進步。如果你送孩子去公文式數學，他們可能會獲得更快速的計算能力。

這和主張課後輔導有長期價值並不一樣。我曾經和一位頂尖的成功專業人士聊過，他詳細說明自己拒絕背誦乘法表，而是有效地找出自己的代數算法，讓他能夠知道答案。他的方法可能很沒效率，但對他個人的長期推理能力，應該具有一定的價值。

課後輔導也伴隨某種「機會成本」：更多學習代表較少時間從事其他活動。在我撰寫本書睡眠那一章時，我檢視來自韓國的一些數據，那裡的青少年每晚的平均睡眠是六．五小時，主要是因為課後輔導。這還不夠看，如果去上俄羅斯數學學院，那表示你那十歲的孩子沒有辦法獲得充足的睡眠，而且也不清楚這種輔導是否能幫助他們名列前茅。而我們尚未完全了解，在學校和課後輔導都必須表現出色的壓力與焦慮，對孩子會有什麼影響。

與課外活動的世界類似，在某些圈子裡，**你很容易覺得自己在課後輔導這件事上，總是落於人後。但這種感受是報名參加課後輔導很糟的理由**。如果你的孩子真的非常想參加數學補習，那也許可以試試看；但是如果你只是想要孩子像鄰居孩子一樣每週參加五天數學密集班，那大概就不值得了。

數據告訴我們的重要訊息

- 家庭作業是個具有爭議性的主題，而且很難加以研究。
- 整體而論，數據認為某些家庭作業可以增進學習，雖然這可能取決於作業的設計。
- 課後輔導和補習似乎的確能提升考試成績，雖然是以犧牲這段時間所能從事的其他活動為代價。

書籍與閱讀

小學生有許多重要的學習時刻，像是孩子對某些先前不解的事物恍然大悟的那些時刻，但我敢大膽地說，這些事情中沒有一件能比學會閱讀的那一刻更神奇。那種感覺就像一夜之間，你從緩慢發出「ㄅㄆㄇ」的音，變成能讀出「這個小男孩和媽媽在玩具店裡」的句子。

對許多家長來說，我們迫不及待想讓孩子愛上書本。在潘妮若碧學習閱讀的時候，當她覺得洩氣時，我不斷告訴她，一旦她懂得閱讀，就永遠不會無聊。那時她無法理解這句話，但是她後來承認我是對的。

儘管不是所有孩子就學後才學會閱讀，而且（更重要的是）閱讀也有消遣的性質，但我還是把它放在學校這一章來討論。對我們許多人來說，有個重要的教養問題可能是：「如何鼓勵我的孩子課外閱讀、而不侷限於學校的指定閱讀範圍呢？」

但也有一些問題與學校教育更為息息相關，尤其是在關於學習閱讀方面。孩子如何學習？學習的時間呢？更實際的問題是，應該如何教導孩子？某些教導閱讀的方法是否優於其他方法呢？

數據怎麼說：學習閱讀

我最喜歡的書本題材之一是十九世紀極地探險史。傑西和我有很多共同的興趣，但喜歡閱讀的類型不在其內。

對我來說，幾乎和極地探險書籍一樣有趣的，就是神經科學的書籍，我認為了解孩子如何學習閱讀的問題，理應從神經科學的書籍著手。因為在考慮孩子如何學習閱讀以前，先理解成人（或一般嫻熟於閱讀的人）真實的閱讀狀態會有幫助。[26]

與此特別相關的問題是，你是藉由辨認字詞，還是藉由發聲來閱讀。如果你是一個嫻熟的成人讀者，你可能認為自己是藉由識別字詞，單憑認識字詞的樣貌來閱讀。基本上，你認為自己是使用某種圖形辨識——當你看到read這個字，你就「認出」read這個字。你不認為自己用聲音拼讀這個字。對於像read這類的字，這很可能是正確的。簡單說，對常用字，我們似乎藉由圖形辨識來讀它。[27]

（我們如何知道的呢？有個證據是，對於字母少的字，例如八個字母以下的字，字母的多寡不會影響我們的閱讀速度。如果我們用聲音拼讀字母，那就不會是這樣的結果。）

但事實上，雖然你自己不自覺，但是其實你在閱讀時，在大腦中也使用了相當比重的字母拼讀（phonics，基本上，就是分割字母，再做拼讀）。這執行得速度很快，但並不表示你沒有這樣做。而這就是我們可以處理以前不認識的字或虛構文字的原因。

例如這是我虛構的字：delumpification。你大概可以讀出這個字，因為你理當能夠知道它的發音。此外，你大概可以弄懂這個字的意思（大概是指「去除腫塊的程序」）。然而這不是因為你認識這個字！你的大腦隱約地以所理解的各個片段發聲拼讀，也許是像這樣：de/lump/ification。

了解這個過程，特別是了解到即使是熟練的讀者也會仰賴發聲來閱讀，對孩子如何學習閱讀是有意義的。值得注意的是，這是有關字母拼讀教學與「全語言」（whole language）閱讀重要辯論的關鍵點。

傳統上，閱讀是透過使用字母拼讀來教學，孩子學習字母的發音，然後學習字母如何組合在一起（子音－母音－子音），然後有些常見的例外，再者有些更奇怪的發音（例如某些字母不發音）。

字母拼讀已經（成功地）使用了數十年，也可能是數百年了。但後來有些人認為這可能不是最好的方法。從一九六〇年代後期開始，有一場運動，歸功於包括語言學家喬姆斯基（Noam Chomsky）等人，提出以更為「全語言」的方式來教導閱讀或許更好。[28]這個運動特別主張要揚棄字母拼讀的方法，讓孩子沉浸在語言和故事中，他們認為這能讓孩子有效地學習圖形辨識來閱讀文字。

簡而言之，有幾個論述支持這個觀點。首先，字母拼讀很無聊。此外，反覆練習一大堆例外規則很繁瑣。全語言的學習方法直接跳接到比較好看的故事，雖然沒有哈利波特那麼好看，但至少不那麼拘泥於形式。所以也許這種方式更能保持孩子的興致。

這個運動提出的另一個觀點是，成人在閱讀時會透過圖形辨識，如果那是孩子努力要達成的目標，那我們不如就從圖形辨識開始。全語言教育在一九八〇和一九九〇年代流行了一陣子，加州的公立學校曾經採行某種形式的全語音教育，麻州也是。然而結果證明，忽視字母拼讀對教導閱讀並不恰當。

其中的一個原因是，如同前面提到的，成人閱讀時只依賴圖形辨識的認知是錯誤的。即使是嫻熟的讀者也會使用發聲的形式來閱讀許多文字。因此，將單字分成幾塊再重新整合，是一種關鍵工具。這指出了忽視字母拼讀對我們有害。

我們也可以在實驗數據中看到全語言教育的失敗，史丹佛大學一個研究團隊在一個設計巧妙的實驗中證實了這一點。在這個實驗中，他們發明了新字母，並且嘗試教授一些大學生學習這些字母。這些字母有相對應的英文發音，但是字形卻不相同。[29] 一些大學生被鼓勵使用字母拼讀的架構學習（基本上，學會哪個字型對應哪個發音），而其他學生則被鼓勵使用全語言方法（記憶哪個圖片對應哪個單字）。使用全語言方法的學生一開始表現較佳，然而一旦加入更多單字，他們就跟不上進度了；字母拼讀則有助於使用較少的符號來閱讀較大量的文字。有大量研究顯示，以字母拼讀為基礎的閱讀教導，比全語言教育閱讀更為成功。[30] 有些人甚至認為，加州採行這種全語言教育，乃是導致加州在一九八〇和一九九〇年代考試成績急劇下降的原因，雖然這種說法仍有待商榷。[31]

最後，字母拼讀重獲重視，而且幾乎一定是你孩子學校所採用的方法（如果你選擇自己教導孩子閱讀，這大概也應該是你教導孩子閱讀的方法）。如果你發現孩子的學校採用全語言教育，那麼你應該提出很多質疑。

還有某些推動所謂「均衡讀寫」教學的聲音，將基本字母拼讀教學與更有趣的故事閱讀做結合。[32] 這個方法採用了全語言教學「有趣」的部分，但主要重點仍在於以字母拼讀作為核心學習工具。

所以，這一切什麼時候才會實現呢？你的孩子什麼時候才會真正開始學習閱讀呢？我在《兒童床邊的經濟學家》一書中討論過幼兒閱讀的相關資訊。你當然可以找到一些告訴你嬰兒能夠學習閱讀的產品，然而嬰兒並無法閱讀！科學已經證實這件事。[33]所以請不要試圖教你的寶寶閱讀（這會讓你感到沮喪、失望，小嬰兒不會喜歡，而且這不會奏效）。

學步期的孩童和學齡前兒童（在多數情況下）也無法流暢地閱讀。兩、三歲的孩童通常會開始辨認圖形，辨識自己的名字、麥當勞的M符號，或某個特定標識。這很好，而且鼓勵孩子這麼做也很好！但這不是閱讀。有些非常稚齡的孩童的確學會流暢地閱讀，但這比較罕見。對大一點的三、四歲小孩，你也許可以開始做些早期的字母拼讀，而四歲的孩子當然能夠理解字母的概念。如果他們有個正在學習閱讀的兄姐，那更是如此（這裡需要注意的一點是，大家通常非常注重學習字母的名稱，但這對閱讀而言，其實遠不及字母的發音來得重要[34]）。

大部分的孩子在一到三年級之間學會閱讀，將字母組合成文字，並且能流暢地閱讀到某種程度。我們可以在數據中看到這點。

下面的圖表是以長期追蹤研究學前兒童的數據，所顯示出的閱讀技能演變，這項研究追蹤一九九八年就讀幼兒園大班的一群學生。[35]這群學生在幼兒園大班、一年級、三年級、五年級和八年級時接受閱讀能力評估，在每個時期，他們會得到一個評分，顯示當時閱讀技能的熟練程度。這些技能評估學生從辨識字母開始，一直到對複雜的非小說類內容的理解程度。

我在這裡把重點放在學生就學初期（從幼兒園大班到三年級結束）閱讀能力的進展。當孩子在秋季進入幼兒園大班時，多數人（約七○％）都能夠辨認字母，但只有少部分人（約三○％）能夠辨識單字的首音（beginning sounds），而幾乎沒有人能夠辨認常用字（sight words），或是靠上下文來理解其中的單字（最後這個里程碑就很接近能閱讀簡單的內容）。

在上一年級以前，字母辨識和首音辨識能力已經提升了，但是仍然只有少部分的孩子能夠辨識常用字，或是真正能閱讀內文。在一年級時，這項技能會大幅提升。到了一年級下學期，八○％的人能夠辨識常用字，而大約半數

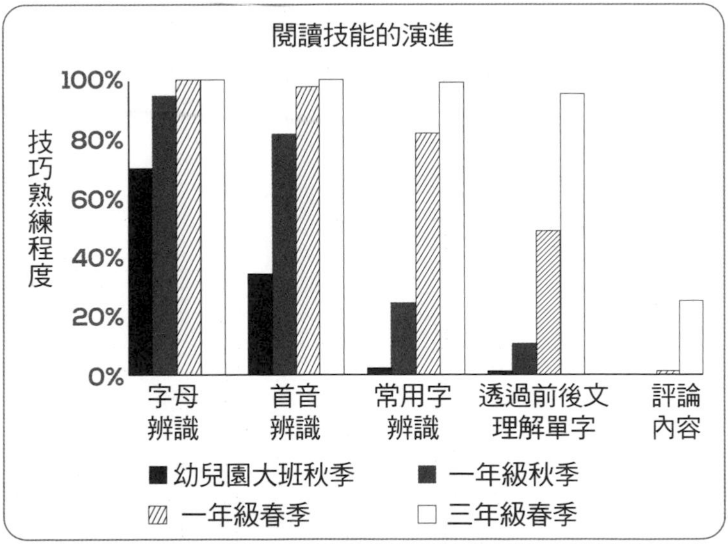

學生可以靠上下文來閱讀。

到了三年級結束前，幾乎所有學生都能熟練地閱讀，儘管仍然只有大約四分之一的學生能夠對閱讀內容有高階的理解。這項技能會在晚期看見，在接近五年級的尾聲，特別是在八年級之前。

我們要注意學習閱讀會因語言而異。英文比西班牙文或義大利文更難閱讀，因為後者有有效而完整的字母與聲音對應，而英文則有許多拼寫的例外。因此，會說西班牙文和會說義大利文的人，能更快學會閱讀。使用字元（**character**）而非字母的語文（像是某些東亞語文）則更困難，就本質而言，它們更需要採全語言教育方式，並且需要花更長的時間才能流暢地閱讀。

根據上頁圖表中的數據，我們知道，到了三年級，幾乎所有孩子多少都能夠熟練地閱讀，而且很大一部分的孩子開始能夠更好地理解他們所閱讀的內容——從「學習閱讀」漸漸轉為「以閱讀來學習」。而後，問題就變成：你能讓孩子喜歡閱讀嗎？

數據怎麼說：愛好閱讀

如何讓孩子喜歡閱讀的這個問題，已經有許多文章討論過了。你可以在亞馬遜搜尋到許多以此為主題的書籍，這些書多半注重一群被標註為「不愛讀書」的孩子——基本上是那些無法享受閱讀樂趣的孩子。

任何年紀的孩子都可能不喜歡閱讀，然而我們也注意到，隨著孩子年齡的增長，他們越來越少讀書自娛。這也不足為奇，因為安排做家庭作業和其他活動的時間，以及孩子接觸現代科技的時間越來越長，閱讀可能淪為次要。

專門討論這個問題的書籍有兩個核心訊息。第一，**如果你想鼓勵孩子為消遣自娛而閱讀，明快地撥出時間來閱讀會有幫助**。例如你可能要這樣說：「我們要在某個週末下午利用四十五分鐘的時間，全家一起閱讀。」一般來說，這種想法是以「自由」閱讀時間作為推銷——你可以閱讀任何你想讀的東西：型錄、兒童書籍、有分量的小說等等。閱讀不是一種懲罰，而是一種休閒活動，就像家庭電影之夜一樣。

有很多時間可安排來讀書，像是睡前、週末的空閒時間、起床前的晨間時光。我的孩子常常在早餐時間閱讀（我們家的規定是，你可以在早餐和午餐時間閱讀，但不能在晚餐時間閱讀，這讓閱讀看起來像是一種禮遇）。然而當你考慮這些事情時，的確需要參考你們家的大局。如果把晚餐到睡前時間專用於閱讀，可能會排擠其他活動，包括其他的家庭時間、課外活動、睡覺時間、家庭晚餐等。我再重述一次，讓孩子喜愛閱讀對你而言可能無比重要，也可能不是特別重要。所以你要審慎考慮！

這些書的第二個關鍵訊息是，**如果孩子嫻熟於閱讀，並且理解閱讀的內容，那他們就會更喜歡閱讀。**與此密切相關的事實是，理解閱讀內容的上下文對於吸收知識十分重要。

有一個將這點闡釋得很好的研究一九八九年在《教育心理學期刊》上發表。[36] 研究者對德國的一群小學生測試他們對足球故事的理解力。故事以有聲書與紙本書的形式提供，所以這其實是對他們語言理解能力的測驗，而不是專注在閱讀能力。研究者在測驗前以兩種方式將孩子分類。第一種方式是用一般的語文智商測驗將孩子的語文技能（包括一般理解能力與詞彙）分為高語文能力或低語文能力；第二種方式是使用選擇題測驗來評估學生的足球知識，將學生分為足球知識的專家或新手。

研究發現，足球專家組的孩子對故事的理

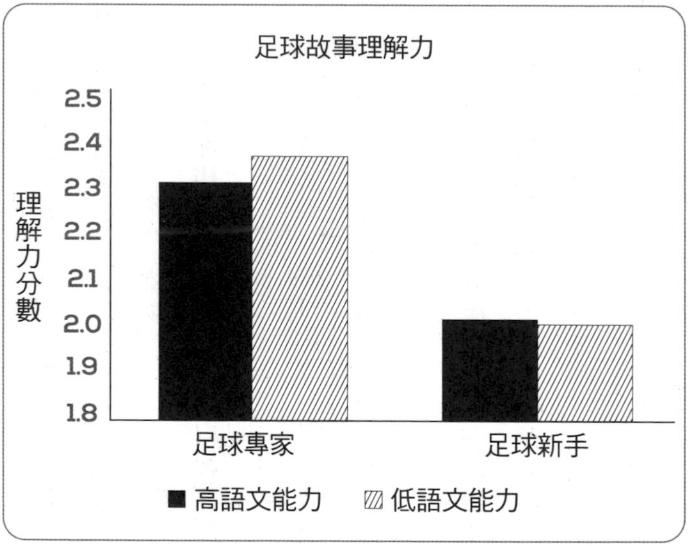

解更為傑出，而且這種影響遠勝任何語文能力。基本上，語文能力低但足球知識豐富的孩子，從故事中所獲得的資訊，遠比那些語文能力高卻不太懂足球的孩子還充沛。

上下文脈絡的理解對於閱讀理解力非常重要，並且也連帶影響閱讀的樂趣。如果你的孩子對北極熊不感興趣，也不甚了解，那他們可能不會喜歡閱讀有關北極熊極為深奧的科學專書。

而且並不是每個孩子的興趣都一樣。不同的研究顯示，當孩子有機會選擇自己閱讀的書籍時，會提高他們對閱讀的興趣。[37]有大量的（多數是校內）輔導課程，其設計乃為鼓勵孩子閱讀。課程所採用的方法不盡相同，但通常有個共通的特色，就是讓孩子自行選擇想閱讀的書籍，並鼓勵孩子談論所選擇的書本（因而能更深入閱讀內容，也更加投入）。[38]

選擇讀本的彈性非常重要。孩子上學可能必須閱讀某些特定書籍，這是不可避免的，而且可能對他們有益。但是，如果你想推銷閱讀成為一項娛樂，想要有「家庭閱讀時間」或睡前閱讀時間，你需要有心理準備，**讓孩子選擇自己想要閱讀的書本**。

很多時候，孩子可能會選擇低於自己最高閱讀程度的書，那也沒關係。休閒的閱讀時光不是為了鞭策自己達到閱讀巔峰，你自己可能也不會為了消遣而閱讀很艱澀的著作。最後的提醒是，要對書籍類型抱持彈性。越來越多人意識到圖像小說（graphic novels）有助於吸引不愛看書與只想輕鬆看書的讀者。[39]

無論你怎麼做，即使有指定的閱讀時間與選書的自由，有些孩子就是比其他孩子更喜歡閱讀。大人也是如此。這或許是在教養過程中，我們常會遇到的狀況。我們應該退一步提醒自己，孩子有自己的特質，而有些事情是我們無法強求的。這是很難的一課。

數據怎麼說：科技優勢

閱讀的基本機制數百年來並沒有改變，但在過去的幾十年裡，閱讀所使用的科技發生了顯著的變化。這讓我們有機會使用科技，像是以電腦為基礎的輔助、應用程式，來教導閱讀或輔助有閱讀障礙的讀者。而輔助科技效能的證據，可說是褒貶不一。

有些小型研究檢視使用iPad的應用程式教導幼兒字母拼讀。一個具有代表性的例子，是一個將四十八名二到五歲的孩童，每週接受三十分鐘使用iPad的讀寫能力指導，為期九週。[40]研究發現，這些孩子的字母辨識和其他讀寫技能有進步。所以或許以應用程式為本的學習，有其發揮的空間。有些益處可能和科技的新穎性有關；如果孩子通常無法接觸電子產品，那麼在應用程式上的課程，可能是一種樂趣（至少最初接觸時是這樣子）。

另一方面，大多數有關以電腦輔導學齡兒童閱讀的證據指出，其效果相對之下是很小的。[41]一些個別研究的確看到其影響，但整體的呈現卻是相當負面。[42]一個原因可能是透過電腦的輔導，效果不如面對面的輔導。孩子可能從電腦上學總比沒得學要好，但是有人親自指導絕對是更佳選擇。[43]

近來的另一個新發展是電子書閱讀器（例如Kindle），這對學習閱讀或鼓勵孩子閱讀，究竟比紙本書好還是比較差呢？

基本上，兩者皆非。孩子喜歡電子書閱讀器，但它似乎也沒有比紙本書好或不好，這可想而知，因為兩者並不是真的那麼不同。[44]孩子喜歡的是，書可以快速傳送到電子書閱讀器裡，於是孩子隨時可以有更多的書籍選項。[45]

最後，我簡短提一下有聲書。我承認我特別偏愛以有聲書作為一項教養策略。我的兩個孩子都會暈車，因此，汽車內的電視完全禁用。後來我們發現了有聲書，這徹底改變了行車經驗。我知道有些人喜歡在車子裡與孩子交談，我真的很讚賞這種參與式的教養方式，但這不適合我。我喜歡與傑西交談或沉思，讓兩個孩子開心地在後座聽有聲書，而不是暈車嘔吐，對我來說是件美事。

結果我們的孩子太喜歡有聲書了，所以他們在閒暇時間也會聽。後來我開始擔心：聽有聲書的時間是不是太多了？

我很高興地向大家報告，這種想法是錯誤的。有聲書其實似乎能增加閱讀的興趣。[46]而且不只如此，它們其實還能幫助孩子提升閱讀能力。[47]當孩子學習從拼讀字母到會閱讀「傑克和安妮爬著繩梯上到樹屋」的句子，聽到流利閱讀的聲音有助於在這過程中幫助孩子，而有聲書就做到了這點。

而且孩子可以聆聽比自己閱讀程度更高的有聲書，這可能會保持他們閱讀的興趣與動機。

數據告訴我們的重要訊息

- 以字母拼讀為基礎的閱讀教學最好。
- 大多數孩子在小學三年級之前學會閱讀，而他們對內容脈絡的理解會隨著時間而增加。
- 如果孩子閱讀自己感興趣的主題，他們更可能享受閱讀的樂趣。因此，讓孩子選擇自己閱讀的書籍是有價值的。
- 新科技：
  - ✓ 透過電腦的輔導：不如有人親自面對面輔導。
  - ✓ 電子書閱讀器：等同一般紙本書籍。
  - ✓ 有聲書：有助理解故事內容。

案例應用▼

送孩子上私立學校

如何整合所有資訊呢？你需要將決策方法與數據結合起來。將你的大局架構與從數據研究中獲得的資料放在一起，做通盤的考量。

從界定問題開始。在學校的議題中，有許多可以討論的問題，而你的問題可能是你們家獨有的。但就像案例研究的方法一樣，我們可以從別人如何逐步定出決策中學習，即使他們的問題和我們的問題不盡相同。

一個常見的學校問題是，是否要延後孩子的入學時間，這個問題在本書的開頭討論過了。在這裡，我要逐步探討一個更特殊的選擇：如何考量是否只送你的某個孩子上私立學校。我們開始吧。

你有三個孩子。布蘭登，七年級，在附近一所非常好的公立學校裡表現得很優異。他愛他的朋友，成績不錯，老師喜歡他。一切都很順利！你的老么道爾頓則是個快樂的四歲孩子，他就讀的幼兒園你很喜歡。

問題在於老二荻德拉。她是個聰明的孩子，但她的二年級卻充滿災難。她討厭她的老師，而你不得不說這種感覺是雙方互相的。她的作業常常被改得滿江紅，因為她「忘記寫句點」。即使你知道她可以毫無困難做兩位數的乘法運算，她的老師卻仍然要她做個位數的減法。你已經和校方談過了，但他們無動於衷，也沒有其他資優課程可以提供。荻德拉開始討厭上學。

二十分鐘的車程外有一所好的私立學校。你開始想著：申請進入私立學校是好個主意嗎？

▲界定問題

首先，建立出選項。最直接的問法是：「我的孩子應該申請這所學校嗎？」但我認為最開始界定問題的更佳考量或許是：「這對我們家是否可行？我們需要知道哪些資訊來回答這個問題呢？」

在現實中，這種可行性可能包含幾個部分。

費用與公平：私立學校可能很昂貴，值得仔細計畫一下預算。支付私立學校學費是否代表得放棄某些事物呢？如果是，需要放棄哪些事項？在這個案例中，費用的問題和「公平性」的議題密不可分。如果布蘭登和道爾頓也想上私立學校怎麼辦？你的現況足以支付三份私立學校的學費嗎？如果不能，你對孩子彼此所感受到的不平等待遇，可以處之泰然嗎？

接送問題：學校的接送安排總是很複雜，在原有的行程上再增加一所新學校，只會讓事情更複雜。在這個例子中，我們討論的是從鄰近、可以步行上學的公立學校，換到一所需要有人開車接送的學校。誰來負責接送？還是有公車或校車可搭嗎？是否孩子需要早上五點半就起床，才能搭上車呢？

這些細節值得在此通盤考慮清楚，而不是就認為不會有問題。許多家庭爭吵都是為了這個問題：誰必須為了在交通尖峰時刻送孩子上學而上班遲到。

除了可行性的問題以外，這種時候也要思考，這是否是解決這個問題的恰當方法。或許你對菼德拉的學校很滿意，但只是討厭這個老師？你知道嗎，私立學校也會有一些差勁的老師。即使資源不是問題，這也是一個大改變——你真的認為這會讓事情獲得改善嗎？

▲查核事實

假設你真的希望探討是否該送菼德拉上私立學校，下一步就是蒐集證據。

你所需要的最大一筆證據，就是比較學校的一些方法。無論是就大體而言，還是針對自己的孩子而言，你如何知道私立學校是否是「較佳」選項呢？

本章所列的數據對這點可能會有小小的幫助。我們知道評估學校素質的一般方法是依據考試成績，一般而言，班級學生人數少、有資深教師、有常態性的教師回饋是重要因素。

現在是對考試成績進行審慎調查的時候了——對莰德拉目前的學校或私立學校的選項都是。也去調查有關班級規模的資訊、了解學校行政部門對老師提供多少回饋意見、詢問老師的背景與經歷。你或許也可以查考家庭作業，如果你對目前學校家庭作業的方針不滿意（例如太多無意義的作業、思考訓練不足），找出私立學校的做法。私立學校的做法會更接近你的期望嗎？

你可能還想獲得一些非根據數據的資訊，而最重要的，就是你的孩子是否喜歡這所私立學校。在這個案例，莰德拉八歲。她已經大到可以去參觀學校，並且至少可以對自己是否喜歡這所學校有些看法。如果她到學校參訪一天，而因為她太愛這所學校，以致你必須在強迫的情形下拽著她離開，那你就心裡有數了。

還有你自己對學校的「感覺」。一位同僚曾經告訴我，她先生小時候討厭上學，而他對孩子的一個核心目標，就是讓孩子喜愛上學。他關心孩子是否愛上學，勝於學校是否會盡量敦促孩子有優異的成績表現。最後這一點很難具體說明。但明白其存在是有益的，因為這樣做可以幫助你將它納入討論，而不必只以「我有種直覺」來搪塞。

▲最後決定

最後的家庭會議已經安排好了。這個決定不可能不經由面對面的詳盡討論就做成。問題是，莰德拉在這次會議參與程度的深淺。要討論的問題很多，像是每天的行程安排、學費，這些事情你可能不希望她知情。而目前要處理的問題是，就你對學校的認識以及莰德拉的感受，轉學到私立學校是否是個好主意。最起碼，莰德拉應該有發言權。

▲後續評估

你想要如何做後續追蹤，取決於你所做的決定。如果你決定不替莰德拉轉學，也許隔年重新檢討這個問題會有些益處。某一年遇到差勁的老師是偶然，但多於一年可能就更加證明這所學校不適合她。還是，也許你想等到某個轉換時期（例如上國中）前，再重新檢視這個問題。

如果真的轉學了，重新檢討這個決定仍然有其道理。你可以再回到原先的學校（這可能是一個以失敗告終的大型實驗）。私立學校學費昂貴，接送安排很複雜，而且當大家都覺得轉學成效不彰時，你卻還繼續堅持，那就是一大憾事了。

09 課外活動

在潘妮若碧八歲、芬恩四歲時的某天午後，我和一位同事在等著開會時閒聊。我們討論起我們的孩子（他的大兒子只比芬恩大一點），然後談到課外活動的話題。我現在明白了，那可能是個錯誤。

原來他的孩子那時正在學跳舞、彈鋼琴、拉小提琴、打網球、下西洋棋、參加數學輔導、學唱歌。也許還有其他課程吧。在談話間，我開始感到恐慌，可能自動把耳朵關起來了。

我自認為是一位相當有自信的父母，我努力考量不同選項，滿意自己所做的選擇。但是在那一刻，我感到自己就是遠不如人。沒錯，我的孩子拉小提琴，兒子在星期日還參加足球加強班。但是和同事孩子的行事曆相較之下，那根本是小巫見大巫。如果我的孩子錯失一些很棒的興趣，那該如何是好？如果芬恩其實是個極有天分的舞者，而我不曾給他機會，那怎麼辦？然而，到底哪裡有時間從事這麼多活動呢？

還好開會時間到了，不然我懷疑自己可能會落荒而逃，開始仔細推敲，如何能在我們家的行事曆中，塞進更多活動。

我不認為只有我一個人面臨這種問題。在現代的教養中，課外活動就像一場軍備競賽。不只是活動的數量，還有活動的投入程度。小學二年級的孩子每天從事三小時體操訓練；參加曲棍球隊；學單簧管的孩子加入三個管樂團；不只是學下西洋棋，還要參加西洋棋比賽。令人洩氣的是，當你瀏覽Instagram，看著你朋友五歲的孩子高舉西洋棋比賽的獲勝獎杯，而你和孩子正在玩名為《洗內褲》的桌遊。反正不是要參加《洗內褲》桌遊競賽，而且我們把遊戲指南弄丟了，所以我也不知道我們的玩法到底正不正確。

然而從事密集的課外活動，也會讓人感覺活動太多。當我正在寫這段文字的時候，有人傳給我一段推特上的話：「我在兒子運動的場地，身旁有一家人正在討論他們每天安排太多孩子的活動，而這些活動孩子並不感興趣，要是能有解決的辦法就好了。」

當然有解決之道：停止參加活動就好了。然而在此同時，如果你真的放棄了，那是否會剝奪孩子某些重要的生活技能，或是某些獲得佳績的機會、更好的大學入學申請、一個更有保障的未來呢？如果你讓孩子因為討厭彈鋼琴就不彈了，你是不是在教導他們不喜歡的事情就可以半途而廢呢？這好像在傳遞一種錯誤的訊息。

吸氣、再吸氣、深呼吸。

家長審慎衡量課外活動選擇的時機已然成熟。因為害怕孩子落後而增加活動，並不是好主意；因為你不能忍受孩子抱怨練習時間而放棄，這也不好。在這個地方要退一步思考，什麼是合理的做法，以及你做抉擇的理由。

這個章節大部分內容所著重的數據研究，可能有助於仔細思考各種活動選項的好處（或代價）。但我認為從建構討論範圍著手很有用。特別是我在思考這些問題時，我請教了幾位家長，詢問他們對課外活動的看法。我發現孩子參與活動的種種理由，都足以取代上述「投資」的想法。

首先，很多人告訴我，課外活動基本上是一種孩童照顧。你需要為孩子找課後照顧，其中的一種選項是西洋棋、壁球、足球或舞蹈。這非但不會成為每天接送行程的負擔，反而是行程安排方面的好處。

再則，幾乎所有我請教過的人都說，他們的孩子上過游泳課，「所以他們不會溺水」。

第三，對許多家庭來說，宗教教育是課外活動的核心部分。

從某種意義上說，我想把這類的想法放在一邊，而是著眼於當課外活動從課後看顧或數不勝數的輔助課程，變成更像是一種「投資」的選擇。對大多數人來說，這種情況會隨著孩子的成長而更常出現。

你四歲的孩子每個週末參加一次足球加強班，但是如果你十歲的孩子想踢足球，突然間，他們每週得有三次練習，而且週末還有整天的比賽。你五歲的孩子每週練幾天小提琴，每次練習時間五分鐘，但如果他們堅持到中學，突然間，他們每星期會有兩次樂團練習，而且還要求每天再有四十五分鐘的音階練習。

我的印象是，在過去的三十年裡，課外活動有了某些改變。我記得自己小時候從事過很多活動，但幾乎沒有一項算是認真的。然而「前專業主義」（pre-professionalism）已經悄悄在孩子的活動中發生。我的一位摯友傅利曼寫了一本發人深省的書，名為《玩成贏家》（*Playing to Win*，暫譯），深入討論這種轉變。可以這麼說，現在要成為某項活動的業餘愛好者，比以前更加困難了。

無論我們喜不喜歡，現在許多課外活動都得全心投入。有鑑於此，仔細考量參與活動的利弊是有意義的。

一開始，有個缺點是課外活動會干擾你為你們家預想的大局。如果你們家的計畫是多數晚上家人一起共進晚餐，這可能就會限制參與額外活動的可能性。如果你的大局設定在週末有專屬的家庭日，那麼這也會造成限制。

當孩子一直要求從事某項活動，或是當你感受落於人後的壓力時，你在當下可能很想無視你們家所設定的大局。不要讓步！你們規劃大局是有理由的。一家公司如果每次有什麼風吹草動就改變公司的使命宣言，那他們很可能會失敗。這不是說你們家的大局永遠不該因應孩子長大後的不同需求而更改，但**這應該是個出於深思熟慮的選擇，而不是你一時興起所做**

的決定。

如果某些活動與你們家的大局契合，那你可以多加思考。這樣做的原因何在呢？當我詢問家長為什麼選擇他們所從事的活動時，理由如下：

- 有益身心：運動可以健身、音樂課對「數學有某種益處」、西洋棋有益空間推理、藝術可培養創造力等等。
- 社會效益：團隊合作能塑造品格、新的社群環境很有意義、價值觀的交流。
- 大學入學申請：我想這點就無需贅言了。

但家長在這裡也表達了某些存疑，擔心自己的想法或許沒有很好的證據支持，也擔心自己錯過某些重要的負面考量。運動或許有益身體健康，但腦震盪的可能性呢？

這些主張可以用數據加以評估。關於所有這些問題至少都有一些證據，可作為選擇的依據。

對了，我還應該要說，有另外一件常被提起的原因：孩子喜歡這些活動。這是一個參與活動極好的理由！孩子的喜好很重要，這點是無庸置疑的。

我認為**從事活動的一個有害理由，是為了實現家長自己未實現的夢想**。勉強孩子為自己圓夢，透過孩子替自己實現夢想，這似乎有失公允。但是這說來容易，當下卻可能很難做到。我一直想把小提琴拉好，但我從來沒有真正全力以赴，學琴的那一年落得草草收場。有時候我的確會擔心，自己嚴厲督促孩子學琴是為了要替自己圓夢。我盡量克制自己，但誰知道我究竟做到沒有。教養這回事啊，弱者勿試。

所以，讓我們深入探究一番。數據對課外活動之於孩子的真正功能，到底傳達什麼訊息呢？與上一章節相同，我們將從某些關鍵數據開始，最後會把數據應用在實例當中。

身體與大腦

當我詢問家長，他們對課外活動的選擇時，常見的回答像是：「我要孩子運動是為了鍛鍊身體和健身、學音樂是因為音樂對大腦有益」。但是運動真能提升體能到什麼程度呢？而音樂真的對大腦有益嗎？趁著我們在討論大腦這個話題時，讓我們稍加探討，上述的第一個目標是否有礙第二個目標呢？運動可能對身體有益，但腦震盪的可能性，是否代表對大腦也有負面效應呢？

數據怎麼說：身體

有很多有關青少年運動與身體健康的研究，大部分集中於三個問題，這三個問題我認為剛好也在父母最重視的問題之列。運動能預防肥胖嗎？能促進體能嗎？是維持終生身體健康的關鍵嗎？

大部分對「身體」的討論都集中於運動。鮮少有家長會考慮透過音樂和西洋棋等活動，來提升身體健康。我曾在旅途中讀過一篇文章，提及觀察到西洋棋大師在大賽中體重驟減[1]，但經過更仔細的探究，這似乎更可能是因為他們在比賽期間太緊張，吃不下東西，而不是因為下棋燃燒了卡路里。我認為我們可以安心地說，下西洋棋對孩子來說可能是個好主意，但並非因為它對身體健康有任何好處。

我們的討論從肥胖開始。兒童肥胖在美國和世界各地是個日益嚴重的問題。美國疾病管制與預防中心估計，六到十一歲的兒童大約一八．五％有肥胖問題。[2]從事運動會改變這種情況嗎？

在尚未討論這方面的數據之前，值得提出的是，具體而言，相較於飲食的改變，運動其實不會燃燒那麼多的卡路里。一個體重六十磅的孩子，參與一場競爭激烈的足球賽一小時，會燃燒大約兩百八十卡的熱量。[3]打棒球一個小時最多就是消耗上述卡路里的一半。打球後喝杯汽水，吃一包洋芋片，再多吃一份點心，那些運動時消耗的卡路里就抵消了（對成人而言也是如此；這並不表示運動沒有益處，只是運動與體重的關聯有點複雜）。

因此，如果我們看到運動對體重有重大的因果效應，那會讓人訝異。事實上，我們並沒有看見這種證據。

當然，讀到這裡你應該不驚訝聽到，肥胖與運動參與之間存在著相關性。以對約六千名兒童的研究為例，其中有些孩子參與體育活動，另一些孩子沒有參加。[4]參與運動的女孩較不可能體重過重或肥胖；對男孩來說，結果比較複雜。然而深入探究後，會發現運動項目的選擇在其中扮演了重要角色。參與啦啦隊的女生不可能過重，打美式足球的男孩非常容易過重。整體的情況指出，這是運動項目選擇的差異，而不是運動本身的效果。

參與運動與體重之間相關性的數據有點矛盾。[5]有一項研究指出，參與運動的孩子食量較大——吃更多健康食品，可是也吃更多垃圾食物。我們還是要說，食物攝取量的小幅變化，會抵消大量運動的卡路里消耗。

運動和肥胖之間的相關性，在方向上是不一致的，但很清楚的是，這樣的相關性很難從中獲得有用的資訊，甚至連相關程度是否過大或過小都不明顯。通常我們會擔心，對於像運動這類的「良好」行為，如果我們只是將從事運動的人和不從事運動的人進行比較，會誇大運動的好處。但是在這裡，數據很複雜，例如塊頭大的孩子或許更可能決定參加像美式足球這類很需要壯碩身材的運動。因此，可能會低估運動對減重的好處。

好幾項研究檢視了運動課程的短期影響，其中包括瑞士一個較大型的研究。一般而言，這些課程在體脂和整體健康等方面，顯示小幅進步，但是計畫結束後，成果並無法維持。[6]這指出了這些項目的持續進步，可能有賴對這些課程的持續投資。短期課程與長期體能的改變可能無法相提並論。

二〇一三年，三位經濟學家在《健康經濟學》期刊上撰文，利用美國各州對學校體育課時數的不同規定，來探討關於長期效應的問題。[7]他們認為如果學校每週規定的體育課時間越多，孩子運動的時間就會越長。這些規定影響學生整個就學期間，因此它們代表了運動長期的改變。

研究發現，較長的體育課時間能降低男孩的肥胖，其影響為中等程度。每週每增加一小時體育課時間，可減低肥胖率約五個百分點（這效果算大了），但僅限於五年級學生，也是數據中年齡最大的一組學生。這或許反映出，年齡較大的孩子普遍肥胖率較高，或是，到五年級時，學生已經接觸較多年的體育課。女孩在任何年齡組都沒有顯示出太大的影響。重要訊息：較長時間的體能活動可能對體重有些許影響，但影響輕微。

相較之下，學校運動隊對運動習慣的影響，似乎要重要得多。[8]例如我們可以在上述瑞士的長期追蹤研究中看到這一點，研究檢測某些增加體育課時間的學校，當研究人員幾年後回來做追蹤研究時，他們發現體脂減少的現象不再，但參加運動課程孩子的有氧運動表現較佳（參加運動課程的孩子跑得比較快）。[9]

針對青少年運動的論文，與這些結果相呼應。[10]參與運動對體能活動有明顯的影響，但是對肥胖的效應則不清楚。結論是，關於體重控制，飲食比運動更為重要。

像瑞士研究這類的證據指出，健康狀況的改善可能會維持一段時間，至少幾年的時間，但就長期而言呢？你希望孩子參與運動其中一個原因可能是，想鼓勵他們養成終生運動的習慣。

然而，這類研究並不多。一個具代表性的例子來自挪威的一項研究，該研究對十三至二十三歲的人進行了多次問卷調查。[11]在每次的問卷中，他們被問及體能活動與參與「運動社團」的情況。研究發現，在青少年時期從事較多運動的人，成年後更可能參與體能活動。這種發現似乎更適用於男生，而較不適用於女生，而且對在小時候就參加團體運動的孩子影響更大。

即使參考其他類似的研究，我會說這個證據充其量只具有參考性質。小時候參與運動的孩子長大後也持續運動，這個事實為真的理由很多。我弟弟五歲就參加五公里路跑，長大成人後，在馬拉松跑出兩小時三十七分的成績，他還曾經嘗試過一百英里的路跑比賽。不過這可能反映出，他基本上是個瘋狂的人，而不是小時候參加過路跑的經驗影響了他。

但令人有點沮喪的是，這些以「身體」為主題的研究，把重點放在體重上面，而較少關注有氧運動的健康狀況。就拿其中一點來說，大家都知道，BMI以及其他肥胖相關的測量值，不能直接與人體「健康」狀況畫上等號。至少對某些家長來說，鼓勵孩子保持體能活躍，是教導他們如何擁有健康的身體與健康生活方式的一環，而這可能不包含過度關心孩子的體重。

除此以外，我訪談過的家長，尤其是發展遲緩兒的家長，提起像是舞蹈和體操等活動，對提升平衡感與肢體協調，以及發展粗大動作技能（gross motor skill）很重要。與物理治療相關的理由也認為這或許有幫助，然而幾乎沒有直接證據的支持（我的確有找到一些舞蹈治療的文獻，但所用的研究方法說服力不足，不值得在此詳述；我能說的就是，舞蹈治療似乎不是什麼靈丹妙藥[12]）。

和本書中多數的主題一樣，數據在某些方面對我們有幫助，但無法解答所有的疑問。我們的確有一些有關運動傷害的證據。我在後面談論大腦的部分，會更深入探討腦震盪的議題。不過孩子在運動時有可能會受傷，據估計指出，大約有兩百六十萬個學生，在小學到高中就學期間，會因運動相關傷害到急診室就醫。[13]你無法保護孩子免於一切傷害，他們可能扭傷腳踝，這是運動的代價。更令人擔憂的是造成身體過度使用的傷害（這些傷害在兒童中比成人更常見，因為孩子仍在成長中），像是前十字韌帶撕裂、棒球肘和疲勞性骨折等。希望那些參與高強度運動的孩子，都能獲得運動防護員的照料。

但是，在孩子應該如何努力鞭策自己的體能方面，可能還是要有所節制。在研究這個問題時，我找到一篇標題為〈孩子應該跑超級馬拉松嗎？〉的文章。超級馬拉松的路程通常是五十英里，甚至是一百英里，有些超馬還會跑經沙漠或高海拔地域。[14]

文章的結論，用我自己的話來說就是：「最好不要」。

數據怎麼說：大腦

「學音樂讓你更聰明、彈奏樂器的孩子數學能力更優」，這些話你一定從某處聽說過。

我們總是很難確切知道這類想法從何而來，但就這個例子，討論「莫札特效應」（Mozart effect）的文獻則有很清楚的來源。一九九三年，加州大學爾灣分校的三名研究人員在《自然》期刊上發表了一篇頗具爭議性的論文，聲稱找到了聽古典音樂可以提高智商的因果證據。[15]

研究者做了一件非常簡單的事情。他們找了三十六名大學生，讓他們每人做三項空間推理任務測驗，測驗分數可以轉換成智商分數。在每項測驗之前，學生有十分鐘的空檔，在這期間他們會接觸以下三種情境中的一種：聽十分鐘莫札特（D大調雙鋼琴奏鳴曲，如果你想知道曲目的話）、聽十分鐘輕鬆音樂，或十分鐘的靜默。研究人員隨機決定測試學生所聽的內容，最後他們把聽莫札特學生的表現，與另外兩組學生進行比較。

結果中最令人驚訝的是莫札特音樂的成效。聽莫札特的學生智商提高了八到九分！這是一個超大的效果。如果這是你只聽幾分鐘音樂就能得到的結果，那想像一下，如果你彈奏這個音樂，那你的智商會提高多少呢？

這個發現是新穎、具爭議性、令人興奮的。其效果是巨大的，這項研究能在《自然》期刊發表並不令人驚訝。但是對這樣的結果，保持謹慎總是明智的。數據可能不易處理，而且有時候會誤判。大家或許應該對這種令人驚訝的結果格外謹慎。

而且其實後續嘗試重複這個實驗，並沒有顯現出相同的效果。一篇一九九九年的論文總結後續的文獻認為，真實的效果不到原始實驗效果的四分之一，也缺乏可靠的統計顯著性，並且僅限於一個特定項目（用折紙和切割紙張做空間推理測驗）。[16]此外，文獻指出，這種效果可能不是來自莫札特音樂本身，而是任何一種令人喜歡或令人興奮的音樂，都可以提升這項測試的能力。

所以如果在送孩子上學途中，你努力在車子裡播放古典音樂，想提高孩子的考試成績，那可能無法讓你如願。

不過還有另一類為數更多的文獻，這些文獻把孩子接受音樂教學與在校成績的關聯找出來。基本的事實是，演奏某種樂器或上音樂課的孩子，一般而言，通常在校成績較佳。[17]這種成效是長期的，而且似乎隨著時間而增長：彈奏樂器的孩子，他們高中成績表現也較佳。[18]

但這和說音樂課程導致他們成績較佳並不相同。甚至有人對我說，演奏古典音樂可以提高數學成績，因為兩者在大腦中具有某種加乘效應。

為了對這種效應有信心，我們希望能看到隨機實驗的數據。我們有極少的數據，有一篇論文提及五項這類的實驗[19]：有三項實驗顯示，音樂課程對在校成績有中度的正向效果；兩項實驗沒有效果。有鑑於通常這類研究會比較傾向發表正面效果，所以參考性不大。

另一方面，我們確實知道演奏樂器會導致大腦產生變化。一些對大腦可塑性較為有趣的研究——其概念就是，大腦所產生的變化乃受到行為的影響——專注於研究音樂家。[20]例如小提琴和鋼琴演奏者的大腦看起來有差異，這或許反映出拉小提琴時，雙手需要更多協調，而彈鋼琴時，雙手是在琴鍵上分別彈奏。

我們難免會重視這些大腦研究，因而下結論說，這些結果表示音樂有特殊的重要性。但其實我們所做的每件事情，都會改變我們的大腦。例如有其他研究顯示，玩俄羅斯方塊會加強大腦中空間互相連接的區域。我們要注意，拉大提琴能增加大腦某些區域的白質，和說拉大提琴對數學考試成績特別有好處，並不是同一回事。

最後，我認為幾乎所有音樂和課業成績之間的關聯，可能都是出於樣本選擇——具體而言就是學音樂的孩子和沒有學音樂的孩子，在家庭背景或性格方面的其他差異——而不是音樂的某種效果。這不是說讓孩子彈奏樂器不具任何價值（我們之後會討論更多關於社群團體的課題），但是如果你希望音樂教育本身能提高數學考試成績，那可能要另請高明。

大多數課外活動可能也是如此。如果深入探討，你會發現各種相關性。從事戲劇、音樂、美術、西洋棋社團的孩子，他們可能在校成績都相對不錯。然而你不太可能從數據中找到任何因果關係。

腦震盪

我們不能結束對大腦的討論卻不探究腦震盪的證據。

作為成長於一九八〇年代的孩子，我很難相信我們對顱內受傷的想法已經出現許多變化。當我還是個孩子的時候，我不記得我們曾經討論過腦震盪。當我學滑雪的時候，沒有安全帽可戴。戴安全帽的主意在當時可能會被視為可笑，更別提騎腳踏車要戴安全帽了。

現在到處都要擔心腦震盪，而且可能都有好理由。最常被討論的肇事者是美式足球。腦震盪在美式足球中頗為常見，而且在過去可能太常被忽視了。重複腦震盪、帶傷上陣，以及在一次腦震盪後又二度腦震盪，都會對大腦產生非常不好的後果。已故職業美式足球員的屍體解剖，經常顯示出創傷性顱內損傷的證據，這些證據和暴力創傷相符，而且至少對某些球員來說，似乎也影響了他們的日常生活。

多數對此情況的討論，都是以美國國家美式足球聯盟（NFL）為背景，但在某些圈子裡，對於青少年美式足球的道德問題，存有嚴重爭議。有些城鎮和學區提高對打美式足球最低年齡的要求，但並非所有人都同意這一點，有人認為這些憂慮過分誇大，擔心運動傷害與腦震盪會讓更少孩子參與運動，而這可能會造成孩子其他方面的損失。[21]

我們可以從一個基本問題開始探討：腦震盪有什麼大不了的呢？這真的有值得令人擔心的地方嗎？

廣泛地說，確實有令人擔心之處。各種證據指出，腦震盪（尤其是反覆性腦震盪，和在先前的腦震盪痊癒之前又接續發生的腦震盪）會對健康造成長期且負面的影響。[22]這些後果包括認知問題和心理健康問題。這並不表示任何腦震盪都會導致嚴重的健康問題，絕大多數腦震盪，不會有可察覺的長期後果。而我們很難知道，為什麼某個人的狀況會比另一個人更嚴重，部分原因是，我們並不特別了解會讓某個人的腦震盪比另一個人更嚴重的緣由。[23]如果你曾經有過腦震盪，你或許能理解這點。即使是最高明的醫生，也很難預測腦震盪的後果。

我們有合理的證據（其中大部分來自美式足球運動員），反覆性腦震盪會留下可察覺的標記。大腦的變化甚至在非職業的美式足球運動員身上也會產生。[24]這似乎和球員參與這項運動的時間長短有些關聯——從小就開始打球的球員，比年齡稍長才開始打球的球員有更多問題。這可能反映出，打球時間越長表示腦震盪次數越多；這也可能反映出，越年輕的大腦受到腦震盪的影響越大。[25]

綜合以上資訊，我認為對數據仔細判讀就會知道，腦震盪是需要小心以對的事情。如果你的孩子真的發生腦震盪，最重要的事情是妥善因應，要好好休息，在健康好轉之前不要恢復活動等等（你也可能要記住，自己有可能會腦震盪反應過度。絕大多數發生腦震盪的孩子會完全康復）。

因此，接受腦震盪是值得擔心的問題，對青少年運動有何影響呢？有什麼特別該避免的運動嗎？

是的，美式足球的確是腦震盪的罪魁禍首，但它不是唯一的肇事者。下圖顯示從二〇一二到二〇一五年各項運動腦震盪發生率的估計值。該數據是根據從具有全國代表性的高中所蒐集的受傷報告。[26]

不令人驚訝的是，美式足球的腦震盪發生率最高：平均每一萬次的運動（包括比賽、練習）會發生約九次的腦震盪。但是女子足球的腦震盪發生率也很高，男子足球、男子摔跤和女子籃球的腦震盪率也偏高。

分析過更完整大學運動樣本的研究人員也指出，足球、美式足球和摔跤具有高風險。在這個名單上，他們還增加了籃球、曲棍球和冰球。低風險運動則包括跑步、棒球、網球和風

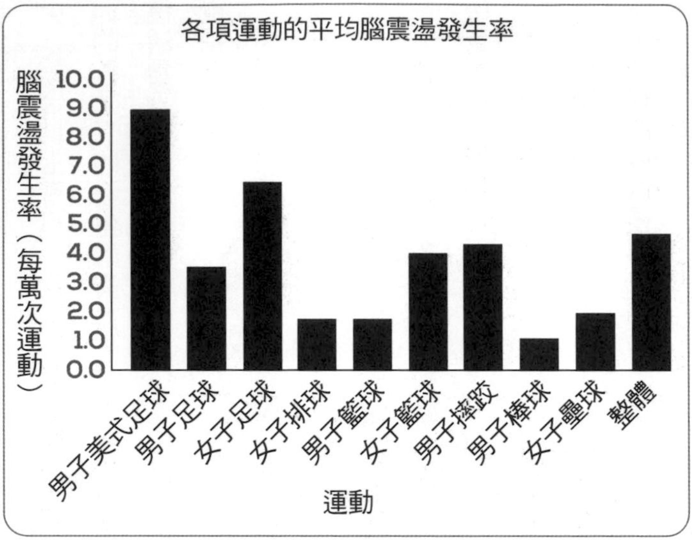

險最低的游泳。[27]

足球具有高腦震盪風險這個相當一致的發現，也許有點令人驚訝，因為足球主要是使用腳來踢球。問題似乎出於頭球，重複以頭頂球的力道和角度，可能會產生腦震盪以及類似腦震盪的狀況。[28]認真的成人足球運動員，顯現出某些和美式足球運動員相同的神經退化結果。[29]如同美式足球，在這方面仍存在某些歧見；有些研究人員認為，這些研究的方法結構傾向發現足球運動員腦神經方面的問題。[30]這是一個仍在發展中的領域，我認為這個爭議短時間內不太可能有結論。

這些資訊讓做家長的你如何是好呢？和我聊過的家長中，有人永久禁止他們的孩子參加任何有腦震盪風險的運動，其中部分家長有一份禁忌運動清單。還有一些家長樂意讓孩子踢足球，直到開始練頭球以前；或是讓孩子打冰球，直到孩子開始有肢體碰撞動作。也有一些家長認為這些都不是他們的主要考量，只要在發生腦震盪時，孩子獲得悉心關照，他們對足球、美式足球或其他運動都沒問題。

持這些立場中的任何一方，似乎都是合理的。但是就和所有議題一樣，我們要加以討論。在這方面，數據可能有助於界定和孩子的討論。假設你十一歲的孩子從五歲就開始踢足球，但是現在你認為頭球所造成的腦震盪風險太大，所以你希望他專注於游泳、田徑或網球。視你孩子的情況而定，你可以透過讓他看一些腦震盪的證據，提及你的考量，然後一起商討計畫，不要在沒有任何解釋的情況下，就強行禁止他踢足球，這樣才是長久之計。畢竟，那是他的大腦，他至少應該能夠提出自己的看法。

數據告訴我們的重要訊息

- 青少年運動對長期參與運動有些許影響，但對體重過重或肥胖，則沒有明顯效果。
- 沒有好的證據顯示學習演奏音樂真的可以增強大腦功能。
- 腦震盪是很嚴肅的議題，有些運動（美式足球、女子足球）具有的腦震盪風險，比其他運動更為嚴重。

藉由課外活動培養性格

當潘妮若碧開始上幼兒園大班時，她要求學小提琴（後來問她為什麼，她說她曾經看過一個大孩子提著小提琴盒，她覺得那個盒子很好看）。

符合我略帶虎媽的傾向，我立刻為她找了一位老師。但傑西有點猶疑。他和我都上過多年以失敗收場的鋼琴課，應該和我有著相同經驗的記憶，憤怒的老師聽著我彈奏的樂曲，說道：「你這個星期到底有沒有練習？」

「她可以試試看，」他告訴我。「但是如果她不想學了，我們不能強迫她繼續學。」

可是後來有一次他碰巧和我們一起去了潘妮若碧學琴的音樂學校，那是一棟離我們家大約十分鐘路程的大型建築，週六早上這裡擠滿了孩子，上音樂課、參加合奏、參加管弦樂團。他看見坐在走廊一群又一群為自己樂器調音的學生，然後說：「潘妮若碧絕對不能放棄拉琴。」

在那一刻，我想他看到的，是這項活動可以在學校之外，提供一個社群、一種認同。他看到的是一群同年齡的人，在某個時期，比方說國中時期，當幾乎沒有人覺得自己有所歸屬時，或許能成為某種避風港。他看見了潘妮若碧有機會建立自信，有個在課業之外，能努力實現某種成就的地方。

他不是看到一條通往國家音樂廳之路，甚至，根據上一章的說法，一條通往優異成績的道路。他所看到的是一條通往潘妮若碧尋找自我定位，一條通往快樂的道路。

我認為這是在現今這種追求專業的課外活動環境中，有時會被忽略的事情。但是事實上，課外活動能夠提供社會情緒益處的想法，不應該被忽視。這可能會對焦慮、憂鬱或幸福感有影響，並且加以延伸，可能對性格有影響。

課外活動能帶給孩子快樂嗎？

數據怎麼說：社會情緒方面的益處

這個問題的證據主要來自心理學與社會學。

我很誠實地說，經濟學家向來對其他社會科學抱持懷疑的態度。就當是不同行的文人相輕吧，或說是對方法論的異議，或任憑你怎麼說，事實仍然不變，不同領域的社會科學家不一定能和睦相處。由於我身處經濟學世界，我也無法豁免於這種懷疑，即使我最要好的朋友有些是社會學家和心理學家。

的確，對於評估課外活動對兒童影響的因果效益，我們有些特別的顧慮。孩子從事較多課外活動的家庭，往往在其他方面也有所不同，例如較為富裕、學歷較高，這些很難完全受到控制。不過我們有兩種理論架構可以採用。

第一種簡單來說，這種理論設定兒童（以及一般人）是由他們的環境所塑造的，這包括他們直接接觸的「微觀系統」（如家庭、同儕等），以及「巨觀系統」（如國家、全球政治等）。當考慮孩子在任何領域的發展時，你需要納入孩子的經驗，以及那些和孩子共同擁有這些經驗的人。在這個理論下，孩子所從事的活動，不可避免地會影響到他們的情緒發展。

第二個理論是關於歸屬感，理論肇始於一篇在一九九五年發表的論文。[31]這篇論文從影響情緒健康與認知過程的角度來論述歸屬感——感受到自己歸屬於某個群體——的重要性。

所以把這些理論結合起來：人們在乎歸屬感，這讓他們感到快樂、更能發揮所長，而和你互動的人對你的發展具有影響力。我認為這從自己的生活經驗就明顯可見，感覺自己能融入某個團體真的很重要。我清楚記得自己第一次真正感受到自己屬於某個團體（那是一個夏令營，在那裡，我可以從早到晚做數學。好啦，我知道，不要批評我），那對我的自信與自我意識來說，是一次徹底改觀的體驗。我猜你們當中有許多人對此頗有共鳴（或許不是針對數學夏令營的部分）。

理論與生活經驗的結合指出，這些經驗對快樂而言很重要。

有大量數據顯示，課外活動通常和孩子良好的社會情緒發展相關。例如來自密西根州的研究顯示，在國中從事課外活動（運動、戲劇等）的學生，在高中時期比較不可能表現出像是飲酒等高風險行為。[32]

二〇一二年一篇綜述論文關注二〇〇五年到二〇一〇年所發表的五十二個研究。這些研究結果並不一致，但總括來說，它們似乎指出，從事課外活動學童的社會適應能力較佳、較少感到憂鬱、表現較少的問題行為。[33]研究人員甚至深入探究是否可能從事過多活動的問題：安排過多活動的孩子比較不快樂嗎？廣泛而言，數據似乎持否定看法。即使是每週參與超過二十小時課外活動的孩子，也比不參與課外活動的孩子表現出更佳的結果[34]（然而這與從事越多活動，就獲得越多益處的說法，並不相同。數據並不支持上述說法，真是謝天謝地）。

但是當然這些數據都只有相關性，即使我們認為課外活動很重要，也很難從這些結果中得出完備的結論。我們還是擔心參與課外活動的孩子，在其他方面有差異性。我們可能還應該擔心「因果倒置」的問題，也就是如果孩子有憂鬱症或對社交感到焦慮，他們比較不可能參與課外活動。所以是因為心理健康的問題，導致不參加課外活動；而不是不參加課外活動，導致心理健康問題。

可喜的是，芬蘭的研究者真的做了一個隨機實驗，在一些學校將課外活動納入課程，在另一些學校則否。對於我們目前既有的經驗來說，這並不是一個完美的實驗，一部分的原因在於，在學校參加課外活動的結果可能有所不同；另外一部分原因則在於，芬蘭的環境可能有所不同，但是我們仍然可以從中學習。[35]

研究顯示，「綜合學校日」（integrated school day，這是他們的用語）對孩子的社會情緒健康有很好的影響。在下面的圖表中，可以看到這個課程對四種行為健康（behavioral health）測量的效果：實驗組的得分顯示確實有效果（這些是參與課外活動的孩子），對照組用條紋顯示。在全部四項測量中，分數越高效果越差（高分表示問題較多），而且由於課程是隨機性質的，可以說在參與課程之前，兩組表現是一樣的；但參與課程之後，兩組表現有別。

最引人注目的結果，是關於憂鬱症與社交焦慮。就讀那些有課外活動學校的孩子，在這些測量上的得分較低；換句話說，他們憂鬱、社交焦慮的情況較少。他們在適應行為方面表

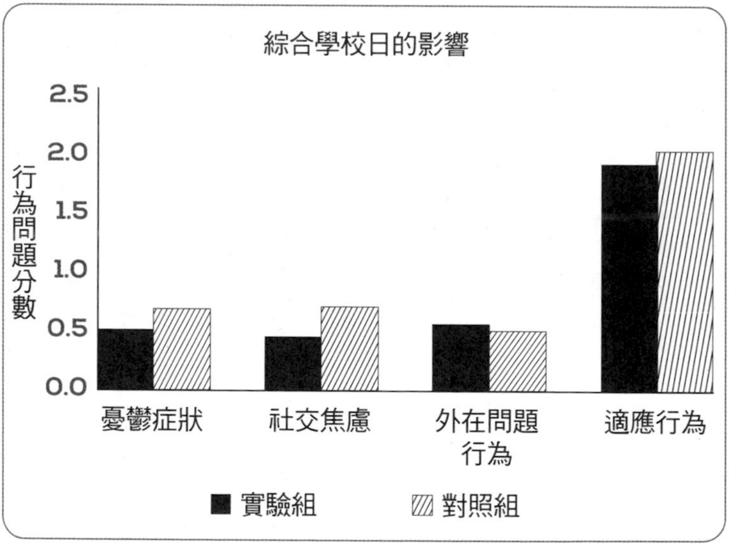

現略佳。有趣的是，他們在外在行為方面（你可以將它視為一種「發洩」），並沒有顯示更好的分數。這個結果也呼應了某些相關數據的結果。課外活動，特別是運動，有時似乎會加重或至少不會改善外在的行為問題。如果你是職業運動迷，這個發現不會讓你感到驚訝。

把這些隨機的證據與我們在其他論文中所看到的大量相關性結果合起來看，非學科的課外活動似乎確實對孩子有某些社會情緒上的益處。

我們很自然要接著問，某些活動是否比其他活動更好？在這方面，我們的證據稍嫌不足，部分原因是，較少論文只專注研究單項課外活動。實際上，多數證據都和運動有關，而我們的確看到，參與運動的孩子表現較少社交焦慮，並且有較佳的適應能力。[36]

一些零星的研究專門針對其他活動。例如二〇一五年有一項研究關注童軍的品格發展，研究顯示在某些像是「樂於助人」和「快樂爽朗」的指標上，積極參與童軍的男孩，比沒有積極參與的男孩，隨著時間而更有進步。[37]

然而大體上，活動的好處似乎與活動類型無關。值得注意的是，前面提及的芬蘭學校，學校提供了形形色色的活動（團隊運動、烹飪、音樂），但研究者並未指出其中任何一類活動明顯比其他活動更佳。

在考慮課外活動的選項時，回到理論，特別是有關同儕影響的理論，可能會有幫助。我們知道一般而言，兒童的同儕很重要，在青春期更形重要。數據告訴我們，參與課外活動的孩子通常較不憂鬱、較不焦慮，並且較少參與「反社會」行為。當你的孩子在這些課外活動中與同儕互動時，他們的同儕團體在這些方面是經過正向篩選的。

然而，這些正向的結果並不表示，為了要獲得社會情緒上的益處，你的孩子需要每天花好幾個小時參加芭蕾舞班或打排球。芬蘭的研究顯示，小程度接觸這些活動，就可以增進心理健康，這些課程很有效率地每週三天導入學校的社團活動。大多數證據都是針對每週參與幾個小時課外活動的孩子身上。

所以不要覺得有必要過度參與課外活動。但課外活動的確有其價值。你可能會發現孩子更快樂，即使國家音樂廳或青少年奧運仍舊遙不可及。

數據告訴我們的重要訊息

- 參與課外活動似乎真能提供某些社會情緒上的益處。這可能是因為「歸屬感」提升的結果。
- 孩子無需以成為專家的投入程度來參與課外活動，就能獲得這些益處。

大學入學申請

老實說，我很不情願寫這個章節。其中一個理由是，我不想承認孩子有一天會離家去上大學。在我寫到這裡的時候，芬恩對未來的計畫是，和我住在一起，用我的食譜開一家餐館。我支持這個想法。

為小學（或中學）所做的決定，竟然是以大學為考量，似乎有些不妥。孩子在七歲和十八歲之間會有諸多歷練，其中有許多經歷會影響他們所選擇的道路。為六歲孩子所選擇的課後活動，是因為你認為這些活動能幫助他們進入州立大學就讀？這對孩子來說壓力太大了。所以我的想法是就此打住，我會寫另一本書討論大學時期（事實上，已經有很多關於如何幫助孩子申請大學的書了）。

但跟我聊過的家長中，有人認為，課外活動的選擇，的確在大學入學申請上扮演重要的角色。這種考量真的應該嗎？

首先，解析「這可能有助於大學申請」這句話的真正含義是有利的。這可能意味著兩件事：第一，你的孩子真的有可能會因為這項活動而被大學網羅；第二，參與這項活動可以使他們成為更多才多藝、更令人感興趣的申請入學者。

數據怎麼說：招收運動員

你的孩子是否有可能根據他們課外活動的表現，而被延攬到頂尖大學呢？大多數的大學都會進行規模不小的運動員徵才。即使是非常注重學科的大學，每年也會招收數量驚人的學生，來補齊他們美式足球、網球、游泳、曲棍球等球隊名單。對於這些學生來說，參與運動的確是他們被大學錄取的關鍵。實際的情況就是，教練會指名他們想要延攬的運動員，然後請招生辦公室配合，錄取這些學生。這些精英學生中，甚至有少數人可能會以運動獎學金的形式，獲得學費減免。

但這是為數極少的學生。每一年，美國大約有二十八萬名五歲的兒童踢足球。大約有五百支NCAA一級足球隊，每支球隊可能有二十五名球員，所以每年級大約有八名球員。這表示每年約有四千名學生會投入一級足球比賽。當然，並非所有運動員都是透過「延攬」，然而即使所有運動員都是透過「延攬」，這表示最後只有大約一．五%的青少年足球員能踢大學一級足球。如果考慮到這些球隊中非美國籍球員的數量，這個數字可能也是過度高估。

如果你認為你要利用足球進入常春藤盟校，那麼人數就會更少了。常春藤盟校的足球隊，每年也許會招攬一百五十名學生。

顯然，這些計算事實上並不表示你的孩子會有兩千分之一的機會，替耶魯大學或普林斯頓大學踢足球。它們只是在闡明這些機率是如此微小，而且如此不確定！所以在小學時期所做的選擇，把這類機會納入考量可能是毫無意義的。

數據怎麼說：多才多藝

投入課外活動是成為多才多藝、具有吸引力的申請入學候選人的關鍵，這種想法對嗎？這是十分難以評估的問題，而理由可能不難了解，因為大學通常對他們錄取新生的標準三緘其口。顯然，課業以外的成就扮演一定的角色，但很難知道確切的情形。而同時，大學入學申請的情況變化迅速。即使我們能精準了解當今錄取在乎的標準，但我們顯然無法知道，十幾年後，你那現在五歲的孩子要申請大學時，什麼會是重要的標準。

我們所知道的有關大學錄取標準的大部分資訊，來自與招生官的訪談，這類的訪談不多，但也不是找不到。二〇〇九年，《高等教育評論》刊登了一篇很棒的文章，報導了和十七所頂尖大學招生人員所做的訪談。[38]

大體上，招生官很清楚，課業成績在他們的審核中占首位。除了運動員招攬以外，任何型態的課外活動，都排在課業成績之後。文章中提到：「一所常春藤學校的招生官指出，作為評鑑人員，我的感想是，我希望看到學生以某種形式、型態或樣貌發展出由衷的興趣，並且努力追求自己的興趣，因而產生影響力，並且因為那樣的經歷而學習、改變。」

換言之，他們在尋找專注於參與課外活動的證據（至少根據文章中的一些引述，這些證據可以是來自工作或家庭責任，而不一定是組織性的社團或運動）。

從小學家長的角度來看，我頂多會說，這個資料建議當孩子即將就讀高中時，注意一下課外活動。但是老話重提，這還是將來很遠的事，難以掌握，所以是屬於我們應該無需多慮的事項。你可能有好理由讓孩子學習芭蕾舞、體操或小喇叭，但是你不應該因為史丹佛大學的管弦樂團向來欠缺小喇叭手，就要小孩學小喇叭。

數據告訴我們的重要訊息

試著不去考慮它（至少在孩子上高中前）。

暑假

日程安排是許多家長暑假的剋星。好消息！本書對你會有幫助，而且一個好的任務管理系統可以拯救你。

然而，問題並不只是日程安排。比方說夏令營是你們家暑假計畫的一環，那你必須選擇你真心希望孩子參加的夏令營。你是否應該在乎孩子是參加這個夏令營還是那個夏令營呢？如果照理說孩子在暑假中應該有所收穫，如果你思考不周，那孩子會錯失良機嗎？

顯然，我們可以想像在夏令營能學習的東西是有限的。如果你想尋找一些祕密公式，告訴你曲棍球夏令營或網球夏令營，是否和未來成為成功人士有因果關係，那你會很失望。但是我們可以對數據加以討論。

以暑假為例，數據幫助我們了解兩件事。第一，有大量證據顯示，專門領域的夏令營對特定團體的兒童很有意義。以此推想，或許真的可以幫助你構思自己希望孩子從夏令營中有何收穫。

第二，我們可以研究暑假把閱讀和數學技能「忘光光」的可怕現象，以及你對這種情況該有多擔心的問題。

在討論數據以前，我們得承認夏令營有非常重要的財務考量。夏令營的費用可能非常昂貴。參加地方的日間夏令營可能很划算，但某些八週的過夜夏令營費用絕對不便宜。查看這點很有幫助，當你要做選擇時，財務部分可能是首要考量。

這可能是個和孩子就財務問題進行對話的機會，讓孩子能夠理解財務資源是有限的。這種對話很難啟齒，但簡單告訴孩子，有些夏令營選項不在考慮之列，是合理的。

這也可能是一個開始和孩子一起學習財務知識的機會，並且讓孩子一起仔細考量財務上的利弊得失。我曾經和一位媽媽聊天，她的兒子真的非常喜歡一個暑期音樂營，但這個夏令營的費用處於他們可以負擔的邊緣。他們一起思考如何才能讓他們家能夠負擔這筆費用，例如是否有獎學金，或是有其他可以刪減的活動，讓他能如願參加音樂營。孩子比你所想的還更早能理解這點，而且他們也可以幫忙解決問題。

數據怎麼說：夏令營與歸屬感的重要性

這大概是研究夏令營對孩子影響的最大型研究了，這個研究包括了大約八十個夏令營的五千名兒童（三〇%是日間夏令營，其他是宿營）。夏令營結束後，參加夏令營的孩子和家長接受有關營隊經驗的問卷調查。當被問到夏令營是否「有助提升對自我的良好感受」時，九二%的人回答是肯定的，七〇%的家長表示孩子的自信心有所提升。[39]還有其他各種正向的結果：增進獨立、提升自尊心等等。

聽起來很棒，對嗎？然而這裡有兩個問題。第一，我們不容易從這項研究中獲得有用的訊息，因為這個研究在像這樣的經驗後進行問卷調查，卻只詢問參加者對個人的經驗是否喜歡；姑且不論其他問題，會回覆問卷的人，極有可能是那些對自己的經驗感到滿意的人。

第二，這項研究的資金來自美國夏令營協會，這個協會為夏令營業者與家長提供多種有用的服務，但在夏令營這個主題上，並不是真的沒有立場的。這是否一定代表這項研究是錯誤的？當然不是。但是，就像由奇亞籽產業所資助的奇亞籽對健康益處的研究一樣，我們應該對這類的研究，予以某種程度的存疑。

不過這些結果在其他證據上獲得呼應，其中大部分的證據集中在有健康問題的兒童身上。其中有個例子是一項二〇〇五年的研究，這個研究對三十四名參加腫瘤夏令營的罹癌兒童進行研究。[40]在夏令營結束時，參加者報告說與學校同儕相比，感覺自己和夏令營同儕更相似，這幫助他們增進自我接納、減低孤獨感。

我們在許多患有其他疾病的孩子身上，看到類似的結果，這些疾病包括糖尿病[41]、視力障礙[42]、肥胖[43]和一般小兒科病症。[44]在所有案例中，和患有類似情況的孩童一起參加夏令營，似乎提升了學員的自尊心與自我接納。以肥胖的情況而言，有些學員的體重減輕也和參加夏令營有關聯。

這些結果也擴及因其他原因而感到孤立的孩子。例如有些研究是針對參加「資優」兒童學業夏令營（要通過考試才能參加夏令營）孩子的社會情緒效應。[45]有一篇論文在夏令營的開始和結束時，和孩子面談有關他們三週的經驗。他們主要的成果之一就是測量「自我概念」：你對自己是誰、自己喜歡的事物、自己擅長的事物有信心嗎？你對做自己感到自在嗎？

研究者發現，他們的社會自我概念（對社交自在能力的感受）和情緒穩定性有所提升。

這些文獻真正關注的是在某種程度上被「邊緣化」的孩子，特別是在社交方面，而且似乎很明顯的是，這些孩子受益於聚集了和自己「同類」孩子的社群團體。就某種意義上來說，這似乎和有關課外活動社會效應的數據結果非常相似。夏令營是在校外提供社群團體的另一種方式。

對於選擇夏令營，這裡有可供學習之處嗎？我的解讀是，如果你的孩子在社交上有些許困難，那麼答案可能是肯定的。夏令營可能是他們體驗不同同儕團體的機會，讓孩子明白世界比教室裡的社會互動更為寬廣。我們尚不清楚，夏令營是否需要更專注於某些地方，或許只是認識不同的同儕就足夠了。

關於過夜夏令營的注意事項

過夜夏令營有其獨特之處。對某些人來說，這是他們人生中的重要經驗。對另一些人來說，這是有機會體驗讓別人用刮鬍泡泡在你的床上寫字、在森林裡動手做手工藝品。我所引用有關夏令營益處的文獻，大多集中在過夜夏令營，所以顯然這種沉浸式經驗，也許能夠強化夏令營的好處。

但是送孩子去夏令營也會讓人提心吊膽！對許多家長來說，這會是孩子第一次長時間離家的經驗，而對許多孩子來說，這是他們第一次長時間離開父母。很難不去猜測，沒有你在身邊，孩子該如何生存。

而且夏令營裡的狀況並不能完全複製居家生活。在我寫這本書時所閱讀的文獻中，我最喜歡的一篇論文是，一九六九年對參加夏令營的十到十二歲男孩刷牙行為的分析。[46]研究者發現他們很少刷牙，即使經過提醒，但是如果把刷牙當成游泳的前提，那這些男孩就比較可能刷牙（當游泳的條件被取消時，刷牙行為就回復到先前的低頻率）。

因此，你的孩子可能無法如實地刷牙。而且可以想像，他們可能會吃比你所許可程度還更多的垃圾食品，並且會熬夜。

他們也會難過和想家嗎？這似乎有點視孩子而定。心理學有一些文獻關注於如果孩子對家長依附關係不健全，他們是否會更容易想家，但似乎沒有太多發現。[47]大多數的孩子多少會想家，而想家的程度的確因人而異，年紀較小的孩子，以及那些以前從未離開過家的孩子，會比較難過。[48]有些人認為，這是為未來上大學與獨立生活做練習，其中隱含的意思是，如果你的孩子從未離家過，他們長大以後會更難適應這些歷程。然而這些都只是臆測之詞。要注意，這類文獻有一絲絲「羞辱媽媽」的意味。許多重點放在媽媽可能犯錯的各種方式，導致孩子沒有安全的依附關係。

有很多有效的方法可處理孩子想家的心情（練習離開家一段時間、在夏令營裡提供輔導、營區的照護者多給予支持、提供明確的應對指導）。[49]如果你真的對此感到擔心，但是仍覺得過夜夏令營對孩子很重要，那就盡量找一個能夠提供良好支持的夏令營。

數據怎麼說：暑期學校

接近學年結束的時候，我孩子學校門口的地方通常會出現一個海報，上面寫著可怕的「放完暑假，忘光所學」之類的訊息。

「你知道孩子在暑假期間會喪失一個年級的閱讀程度嗎？」

「暑假是讀書天！你做好讀書計畫了嗎？」

數學也沒有被漏掉。早在幼兒園大班的時候，我們就帶著一堆預習一年級數學的作業回家過暑假。學校承諾，如果做完這些作業的話，孩子會得到口香糖。

為什麼這件事備受矚目呢？根源似乎來自一九八〇和一九九〇年代，敦促大家注意「暑假學習失落」（summer learning loss）的現象。這項研究的重要研究者是杜克大學心理學教授庫伯（Harris Cooper），這位人士真是每個孩子最懼怕的人物。他成功的事業就是建立在家庭作業很棒的想法上，即使放暑假也要做家庭作業。

在一九九六年一篇標題為〈暑假對成就測驗分數的影響〉的評論文章中，庫伯等人研究暑假期間課業能力的變化。[50]他們發現了支持暑假學習失落的證據：孩子在新學年開始時的測驗分數，比上個學年結束時還低。此現象在數學方面比在閱讀方面更明顯，在像計算和拼寫等方面比在以解決問題為導向的技能方面更明顯（過個暑假很容易忘記乘法表，但比較不會忘記如何思考）。

暑假學習失落已經成為一個政策議題，而這個現象似乎對某些群體的影響，比其他群體更大。更具體地說，低收入家庭的學生在暑假似乎比高收入家庭的同儕退步更多。有些一九八〇和一九九〇年代的文獻，就在研究暑假學習失落是否正是低收入家庭學生在學業上落後的關鍵。[51]也許任何單一的暑假並不那麼重要，但是將整個學校生涯的這種不平等累計起來，可能代表整體學習的重大差異（在新冠病毒大流行的期間，隨著孩子不能到校學習的時間增長，這個問題也變得越來越顯著。但這個事件還太新，尚無法深入探究）。

這方面的新研究並不像早期的數據那麼明顯。二〇一九年，一位研究人員利用三百四十萬名兒童的測試數據（比以前的樣本數大非常多），指出雖然有暑假學習失落現象，但退步幅度不大，也不會影響所有人。[52]這裡的數據很有用處，因為它是來自具有一貫性的電腦化測驗；孩子在下學期學年結束前，以及新學年的上學期開學後，接受測驗。而且因為這些是例行測驗，研究人員實際上可以計算出學習的月數，並且準確估算在暑假期間短少多少「學習月數」。

結果顯示，平均而言，暑假會有一些退步。例如在幼兒園大班和一年級之間，平均每個孩子在暑假期間退步大約一．五個月的學習。這種退步在高年級會稍大一些，在五年級和六年級之間甚至會略多於兩個月。但這個平均值涵蓋了很大的範圍。從幼兒園大班到一年級的過渡期，孩子從退步四個月到進步兩個月不等，這是很大的差距。現在讓我們想像一下，這種差距經過多年的教育而擴大。

整體而言，數據顯示，六〇％到七五％的孩子在暑假期間有些退步（這也表示有二五％到四〇％的學生有進步）。與先前的數據一致的是，低收入家庭的學生退步較多，但家庭收入的影響非常小，不到一％的暑假學習失落變化可用社會經濟因素來解釋。這並不表示這些社經因素不重要，但它們似乎不如早期研究所顯示的那麼重要。

這篇研究事實上發現，最能預測暑假學習失落的是學年進步程度。也就是說，從上學期期初到期末的進步幅度，預測了暑假學習失落的幅度：進步幅度越大，隨後的退步幅度平均也越大。如何解釋這種結果，還不完全清楚。當我更詳細觀察證據時，我認為這反映了測驗過程的雜訊。

這些測驗並不完美，就和任何測量工具一樣。有時候孩子的一天都很順利，有時候會有不太順利的一天。有時候旁邊工地有噪音、孩子的腳趾頭痛。而這些會在平均值中被淡化掉。但對於個別的孩子來說，上學期特別順利的日子可能只是偶然發生，我們沒道理認為這種情況，會在下學期重現，所以看起來會像是暑假退步甚多，然而其實這只是因為上學期考試那天很順利。而在上學期考試當天不順利的孩子，則會有相反的結果。

回到目前的問題：暑假會忘記先前所學嗎？是會忘記一部分。這是我們應該感到恐慌的事嗎？大概不是。

如果你還是對我剛剛說不要恐慌的事情感到恐慌，怎麼辦呢？或是，如果你不擔心暑假會把所學忘光，而是希望看到孩子在暑假時進步呢？這可能反映出你對孩子在某方面落後的擔憂，或者是渴望幫助孩子進步。

有鑑於第8章關於「課後輔導」的結論，這或許不會令人感到意外，暑期學校或暑期輔導似乎有助於孩子學業進步（這似乎對補救性質的輔導班，以及希望努力超前的補習，兩者都適用）。[53]

是的，你可以利用暑假為閱讀做準備，或是提升數學能力與其他技能發展。但是你也可能認為暑假更適合社會情緒發展，或是學習野外生火、在樹林裡抵禦大土狼。這些技能和在學校所學習的技能不同，但學習的價值並不亞於課業技能。

例如一直有土狼在我們的社區裡流竄，做再多數學練習題都無法處理這個問題。

數據告訴我們的重要訊息

- 證據指出，夏令營可以增進孩子的「歸屬感」，特別是那些因各種原因而感到孤立的孩子。
- 多數參加過夜夏令營的孩子都會想家，這種情形在第一年比在往後幾年更嚴重。
- 暑假的確會忘記過去所學的內容。課業輔導可以幫助維持（或提高）孩子的學業技能，但代價是犧牲從事其他事情的時間。每件事都是有代價的。

案例應用▼

過夜夏令營

你的老大亞曼達就讀小學三年級。有一天，她放學回家，告訴你她同學潘蜜拉今年暑假要去過夜夏令營，她也想去。

你在腦中想著：絕對不行，你年紀還太小，根本無法離開我。作為單親家長，你讓孩子盡量待在身邊。

你大聲回答：「嗯，我們以後再談。你能幫我擺好晚飯的餐具嗎？」

你希望她會忘了這件事，但她沒有忘記。一個星期後，她再度提出這個問題。「夏令營的問題你決定好了嗎？」

你和最親近的兩位朋友提起這件事，一位朋友回以「哇，她年紀還這麼小！」另一位朋友則說，自己從小學三年級開始，每年暑假都在夏令營裡度過，所以對她而言，現在似乎是最佳時機。而且，夏令營是「非常好的養成」。至於那是什麼意思，那就大家自己想了。

也許夏令營是有某些價值的？現在是開始決策流程的時候了。

▲界定問題

這裡的基本問題很簡單：亞曼達應該去過夜夏令營嗎？這中間連帶牽動的是，一整套更周詳的行事曆安排與其他問題。

一個問題是預算：你們能負擔得起夏令營的費用嗎？第二個問題是日期與時間安排：暑假有時間排進夏令營嗎？幾週的營隊比較理想呢？你會考慮整個暑假的夏令營，或只是幾個星期的呢？

此外，在這個階段，讓亞曼達參與討論，請她好好想想這是否是她想做的事，是合理的。一個九歲的孩子已經夠大，可以參與這個決定。如果參加夏令營在經濟上沒問題，而且行程安排也許可，讓亞曼達一起坐下來討論。邀請她參與會議，一起做計畫！幫助她了解夏令營所涉及的事情——離家遠行、睡上下鋪，以及其他種種事宜，也要試著了解她是否真的想參加夏令營。你們可以一起查看夏令營的網頁。

這個過程的目標應該是要理清，第一，在了解夏令營的實際情形後，亞曼達是否真的想參加夏令營。第二，對夏令營的型態、週次、地點有更清楚的了解。如同你在查核事實的步驟中會了解到的，夏令營的數量驚人，你需要有一些參考指標來做選擇，否則你會瘋掉。

▲查核事實

對於這個選擇，你需要蒐集的主要證據是為了決定哪個夏令營是適合的。選擇太多了！從一般的夏令營（戶外活動、吃棉花糖、划獨木舟）到數學營、音樂營、美術營等，在這麼多樣類型中，其間有偌大差異。一旦你挑出一些選項，還要進一步蒐集更多資料：是住帳篷還是小木屋？夏令營期間有多長？夏令營男女兼收嗎？

我們知道過夜夏令營有個很大的價值，它讓孩子有一種歸屬感，是一個新的社交環境。這對你的孩子有多重要，很大的程度上取決於個別的孩子。如果夏令營對亞曼達的好處是一個新的社交環境——如果她在學校的社交有困難，或是覺得自己不太能融入同學間——其中的一個考量應該是，她可以在什麼樣的社群團體中感到自在快樂呢？在這方面，夏令營有沒有辦法幫上忙？

或者，也許這根本不是你在意的事情，你只是把夏令營視為嘗試戶外快樂時光的機會。

作為一名社會科學家，我對這個選擇唯一還有的建議是，盡可能向其他參加過夏令營孩子的家長請教，多了解關於夏令營的資訊。關鍵不只是要弄清楚他們的孩子是否喜歡夏令營，我認為最大的價值是，了解其他家長和孩子是否「和你們家相似」。他們所重視的環境是否適合你們家？

除了夏令營本身，還要去了解一些有關時間安排的狀況。你能配合夏令營特定梯次的日期嗎？尚未額滿嗎？（我女兒第一次提起夏令營的問題時是一月；結果，很多夏令營在去年十月就額滿了，真不巧。）

▲最後決定

也許你已經篩選到剩下兩個夏令營，或是可能有一個夏令營已經勝出。是時候和亞曼達做最後確認了。和她一起檢視細節，詳細討論日程安排。她真的想參加這個夏令營嗎？她在夏令營會開心嗎？還是最好再等一等？

做好決定，然後付諸行動（或是按兵不動）。

▲後續追蹤

記得之後要重新檢討！如果亞曼達真的參加了夏令營，在秋季的時候找個時間，以客觀的角度討論夏令營的經驗。她還想再參加嗎？到同一個夏令營嗎？還是到不同的夏令營？找更長時間的營隊，還是更短時間的營隊呢？專家提示：不要在從夏令營回家的路上討論這些事。

如果她最後沒有參加夏令營，還是要找個時間追蹤這個問題。也許她明年會想參加？

10 情緒

在關於什麼對孩子最好的文獻中，絕大多數都把重點放在考試成績上。如果你認為社會的首要任務，是生產包裝在小人兒外裝下的超級考試機器，那你是情有可原。

對許多家長來說，課業成績是第一要務。我們希望孩子課業表現良好，即使不為別的理由，最起碼這會為他們製造更多機會。但我們也很清楚，我們不希望這就是孩子僅有的一切。我記得和一位摯友談起他的兒子，那時他兒子才兩、三歲。這位朋友談到，在兒子出生前，他認為自己會非常注重課業成績，但是當面對這個小小人兒的生活現實時，他說「我只希望他快樂就好」。

我只希望他快樂就好。

孩子快樂無憂，我們很容易認為那是理所當然。他們當然要快樂，他們就是孩子嘛。而一旦你把這視為理所當然，你很自然地會開始關注起其他事情，像是課業表現。然而，當孩子不開心的時候——我的意思不是指像是因為你收走他們的零食而生氣，而是他們遭遇困難——你所關注的其他事情就變得不重要了。聽到孩子說自己沒有朋友，或是有人霸凌他們，還是他們在班上和同學格格不入，這比任何課業上的事情都要嚴重許多。

「我的孩子快樂嗎？」的反面是「他們令別人快樂嗎？」我的孩子友善嗎？他們是否為人著想並且支持其他孩子呢？我不希望我的孩子被霸凌，但我也非常不希望他們會霸凌別人。

研究通常關注考試成績，因為成績是可以測量的。我們有大量的數據，可以進行不同時間點的比較，可以做出有因果關係的結論。然而當涉及情感、涉及社會情緒的結果時，即使只是對單單一位孩子，也很難測量我們所在乎的項目，更別提可做大型的正式分析了。想了解孩子是否快樂、友善，有點像最高法院法官斯圖爾特（Potter Stewart）對淫穢所下的代表性定義：「我看到就明白了。」這和能夠用問卷調查而得知的事情是兩回事。

但現在仍為時不晚。在過去三十年裡，特別是在過去的十年、十五年間，有更多研究關注這些課題。雖然數據仍不完美（反正從來不會有完美的數據），但我們至少在兩方面有足夠的數據，可略知一二。

首先，我們如何教養友善、能有效與他人互動的孩子呢？其次，我們如何教養孩子讓他們自信、快樂呢？對第二組問題我要指出，這些問題的重點不在於（也不應該是）如何教養受歡迎的孩子，你可以忽略這個問題。孩子在社交上多半就是做自己，所以問題在於如何幫助他們有信心、快樂做真實的自己。

與他人互動

「媽媽，妳今天過得如何？」

「嗯，還可以。我和某人有些摩擦，我真的對這件事感到非常生氣。我有點動怒，但真希望自己沒有這樣做。」

「也許我可以幫上忙！」

「怎麼幫呢？」

「嗯，當你覺得自己快要拉高嗓門時，先閉上眼睛，深呼吸。吸氣、呼氣，然後問自己，『如果我大聲說話會讓事情更好嗎？會對事情有幫助嗎？』」

潘妮若碧和我大約每三個星期會有一次這類的對話。她腦子裡塞滿了對我如何減少生活中的人際衝突、更佳控管自己情緒化反應方法的建議。我的孩子從學校帶回家的聯絡簿中，社會情緒課程和數學或社會研究所占的版面，相差無幾。

至少在我的印象中，這是新的做法。我以前就讀的學校和我兩個孩子的學校非常類似，但是我不記得對於這些情緒主題有正式的教導（這可能是我不善社會情緒技能的原因）。沒錯，我們被提醒要彼此友善，不要動手打人，但是並沒有特別強調，更重要的是沒有人真正想到要提供任何工具來實現這點。

很難知道是什麼促成了這種轉變。作為一名經濟學家，我傾向基於市場的解釋。也許在市場上，這些人際關係技能的經濟報酬提高了，因此培養這些技能更有價值了。我們對心理疾病與其治療在文化態度上，也產生了明顯的轉變，對兩者的污名化顯著減少，對心理健康的價值有較多討論。也有可能是大家明白了善待他人是件好事。以上這些說法似乎都有可能。

當然，你一旦承認這些是值得培養的寶貴技能，就應該接著問道，我們是否知道任何培養這些技能的可靠管道。在實務上，我會將這個問題一分為二。第一，我們可以問，我們對在個人層面上培養這些技能的了解有多少。這類討論多半強調同理心，家長如何幫助孩子了解別人的感受呢？第二，我們可以問，我們對團體中創造良好社會環境的了解有多少。哪些作為能夠防止霸凌，或提升在班上或其他場合的利社會行為（prosocial behavior）呢？我們有證據嗎？

這兩者都有數據！讓我們看看數據怎麼說。

數據怎麼說：同理心

為了培養同理心，孩子需要有「心智理論」（theory of mind）。基本上，他們需要能夠理解別人的想法和感受。就我們所知，心智理論在人生初期分階段發展。

這類發展的第一步是根據面部表情來認識情緒。傑西以前常和潘妮若碧玩一個很棒的遊戲，叫做「情緒臉孔」，要做出不同情緒的表情，然後辨認這些情緒。一項研究發現，到三歲時，大約五五%的兒童能夠辨認情緒；到五歲時，這個比例提高到七五%。[1]

隨著孩子年齡增長，他們越加老練。到五歲時，孩子能夠開始理解情緒。例如他們開始了解為什麼球不見了，或杯子蛋糕掉了的故事，會連結到一張難過的男孩照片。到了七歲，更多孩子能夠了解感知情緒（felt emotion）與表露情緒（expressed emotion）之間可以有所區別的概念，也就是我可以臉上微笑，但其實心中在難過。到了九歲，孩子對互相矛盾的情緒有更佳的認識，可以了解有人可能同時既難過又高興。

這樣的理解，與在社交場合中具有同理心特別相關。在小學時期，能夠理解有人在和你共同歡笑的表象下，其實心情難過，是非常可貴的。

廣義而言，所有的孩子都會以某種形式經歷這場變化，但是當然發生的年紀會稍有不同，嫻熟程度也會有所不同。有些人（無論成人還是小孩）就是比他人更了解心智理論。高度發展的心智理論可以提升社會互動的品質，也就是與他人互動的能力。

顯然，其中有些人與人之間的差異是與生俱來的。然而就如許多技能一樣，這也是可以後天學習的。**家長如果能示範這類思維方式，孩子在這方面的能力通常也更為熟練。**研究認為，當媽媽使用較多心智狀態的語言時，他們的孩子似乎也具有較佳的心智理論。[2]當然，我們很難知道這是否有因果關係。家長和孩子交談的方式，與許多其他特質相關。甚至，如果你認為其中有遺傳的成分（這看來至少是合理的說法），即使來自媽媽的示範與心智理論並不相關，你也可以預期這種親子間的關聯。

然而，有些更細部的證據看起來的確支持因果關係。有一項研究，在一年內的數個時間點，對八十二對母子進行觀察。[3]在三次的訪問中，每次都請媽媽向孩子解釋某個圖片的內容，並對她們強調圖片中人物心理狀態的程度，予以評分（占總分的一部分）。研究人員發現，孩子的心智理論和媽媽使用心智狀態語言有關，而且使用的時間點指出了因果關係的可能性。也就是說，媽媽對心智狀態語言的使用，預測了孩子未來的心智理論，但不能預測孩子過去或當下的心智理論。

也許更令人信服的，是直接證明可以教導孩子心智理論的實驗證據。在一項研究中，研究人員招募了九十三名五到八歲的兒童。一開始，他們測試孩子的情緒理解能力（基本上就是看他們的心智理論有多麼成熟細膩）。然後所有孩子都聆聽九個小故事，並被分為三組。第一組由負責實驗的人員解釋故事中某些角色的矛盾情緒；第二組由孩童回答問題，並解釋這些情緒；第三組是對照組，他們被問到的問題，是關於對故事情節的理解。最後，他們再次測試所有孩子對情緒的理解。[4]

研究發現，相較於對照組，前兩組對情緒的理解都顯著提升了。這指出，在特定敘述故事的脈絡中來充分思考情緒，可能有助於培養更全面的理解。

在一個相似的研究中，讓七歲的孩子閱讀故事，之後要求部分孩子對故事中所出現的情緒進行討論，其他孩子則被要求把這些情緒畫出來。相較於只是把情緒畫出來的孩子，討論情緒這組的孩子，對情緒的理解有所提升。[5]

綜合家庭內部的證據，這指出心智理論多少是可以教導的。不僅如此，這還讓我們知道其中的一種教導方法，就是透過範例的處境來討論情緒。書本顯然是尋找這類例子的好地方，而且當故事內容越複雜，就有越多可以向孩子解釋的事情。

數據怎麼說：霸凌、暴力與利社會互動

我們可以將這種情緒學習視為一項個人任務，但這關係到一個更宏觀的問題，也就是我們如何增進團體層面的運作。說得更具體一點，學校和家長如何創造具有包容性、和善的教室環境？

隨著青少年心理健康問題，包括憂鬱、焦慮及其他問題的增加，這件事越顯重要。我們同時要更注重培養同理心與調適的技巧，也要處理心理健康或許是在社會和學業的壓力下更

形惡化的事實。而使用社群媒體可能對此毫無幫助（下一章會更詳細討論這點）。

基本的問題是：我們如何一方面減少霸凌，一方面提升利社會行為？也許我們不會驚訝，有大量以學校為基礎的計畫旨在改善這些行為。

最早的反霸凌措施之一是一九八〇年代在挪威的四十二所學校所進行的。[6]該計畫的核心元素包含學校層級的變革（校規、教職員討論、霸凌預防委員會）、對霸凌者或被霸凌學生額外的督導與介入協助、舉行預防霸凌的班級會議、讓附近社區加入反霸凌。

來自挪威的證據顯示，這項計畫是成功的。該計畫執行之後，霸凌行為大幅減少。附加的好處包括，學生對下課休息時間更感自在，班上的「社會氛圍」也改善了。

這類證據還滿令人振奮的，但並不是所有的措施都同樣有效。二〇一〇年的一項分析總結了約四十個反霸凌措施。這些措施本身差異性很大，評估的方法也大不相同，得到的結果優劣都有。有些措施顯示出大幅改善，而另一些則沒有顯示任何成效。[7]

此分析認為，這些措施似乎對大孩子的效果較好，而且比較強力的計畫會比較有效。而這強度和學校內的因素有關，也和是否有家長會議，以及下課時間的監督有關。嚴格的紀律似乎也是關鍵。

有些個別的課程計畫（多半以前述挪威的做法為範本），似乎的確顯示出更一貫的結果。其中一個例子是芬蘭一個名為KiVa的反霸凌計畫，這個計畫針對四到六年級的學生，他們在一學年中參與二十小時的課程。這些課程注重團體的角色、同理心的發展，以及助人的策略。課程中有角色扮演、討論，甚至也有電腦遊戲。[8]

芬蘭對這個計畫進行大規模的評估，在將近八十所學校中，他們發現霸凌與受害的一些指標下降了。這些結果和義大利類似計畫的結果相呼應。[9]

這一證據顯示，經過深思熟慮、設計良好的反霸凌計畫，能夠產生一些影響。但是證據也清楚呈現「深思熟慮、設計良好」這個要件的重要性。並非所有的課程計畫都具有相同的成效。關注那些有實驗結果支持的課程，顯然極為重要。

另一套計畫則超越對霸凌的特殊關注，進一步關注普遍的利社會行為。而針對一般暴力預防的計畫，則注重與他人和睦相處的概念。在美國最廣為使用的課程計畫（也是我孩子學校使用的課程），是稱為「第二步」（Second Step）的計畫。

「第二步」計畫與成功的反霸凌計畫，有許多相同點，兩者都取材自同理心訓練。這是一門全面性的課程，其中的單元包括同理心、解決問題、憤怒管理等。[10]這個課程的重點在於實踐，探討「在這種情況下你可以使用什麼工具？」

這裡有個例子，承蒙潘妮若碧提供：舉起雙手，拇指放在手心上，四指下折。這是你的大腦。有時候你情緒高漲——憤怒、快樂、悲傷、沮喪。有時這些情緒劇烈到你可能會「勃然大怒」，把四指高高舉起！當發生這種情況時，你可能會反應過度，說一些違反本意的話，做出會讓自己後悔的事情。當你覺得自己可能會失控的時候，你必須找到方法控制自己。哪些策略對你有幫助呢？範例包括深呼吸、閉上眼睛，或是想像一隻棉花糖做的獨角獸。如果你這樣做，可以有助防止自己情緒失控。

大部分課程強調以孩子能夠理解的方式解釋問題，把問題視覺化，並鼓勵孩子使用自己的實用工具來解決問題。

至少有一些實驗數據支持在校內實施這類計畫的價值。一項對七百多名三到五年級學生的研究發現，在積極因應、合作行為、壓抑攻擊性，以及體貼別人方面有所提升；然而值得注意的是，在懲處提報方面並沒有改變。[11]另一項類似規模的研究顯示，在攻擊性方面有改善，行為分數也提高了。[12]三分之一的學生顯示肢體性攻擊持續減少，儘管老師並沒有提及行為改變。[13]其他對幼兒所做的測驗顯示，認知執行功能提升。[14]

有些證據顯示出的差異更小。對利社會行為一項稍大規模的研究（樣本是七千多名幼兒園大班到二年級的學生）發現，在均值上並沒有影響。雖然他們的確發現，入學時在這些面向上技能較差的學生受益較多。[15]

大體上，這些課程的影響都是正向的，即使統計學上的效果並不大。我應該清楚說明，「第二步」計畫雖然被廣泛採用，但它只是諸多社會情緒學習課程之一；另一個受歡迎的課程稱為PATHS（Promoting Alternative Thinking Strategies，促進替代思考策略）。儘管課程細節因計畫而異，但它們的基本重點非常相似：培養同理心、解決問題、處理困擾我們的情緒。

在觀察我的孩子如何學習這些課程時，我再次注意到，這種應對方法是一種技能。這些技能頗具價值，所以應該和那些我認為更基礎的技能，像是數學和閱讀並列，而且這些也是大家可以學習的技能。我很難擺脫一種感受，那就是，如果我當時對這些學習能更重視，那我的小學和中學經驗或許會好得多。然而話說回來，也許現在向潘妮若碧學習也為時不晚。

數據告訴我們的重要訊息

- 心智理論和情緒控制是可以學習的技能。
- 幫助孩子培養同理心是可能的，我們應重視解釋故事內容中的情緒反應。
- 學校反霸凌的措施結果有好有壞，或許反映出實驗設計上的差異。
- 社會情緒課程有助於培養個人與團體中的社交技能。

自尊與自信

「我希望自己的孩子對別人和善」的另一面，是你希望其他孩子也善待你的孩子。你希望孩子對做自己充滿信心，能快樂做自己。你希望孩子有足夠的自信相信自己的價值，並且能夠對一些社會的輕視置之不理。

這是我小時候一直努力克服的事情。我在小學和國中的時候不是特別受歡迎，除此之外，我還非常在乎別人對我的看法。我極力想融入那些受歡迎的孩子當中。有一次，在六年級的時候，我的確有過短暫的進展，後來又被排除在外。當我回顧時，我只希望自己不曾那麼在意別人的想法。關於對兒女的教養，這點總是我最重視的。我如何才能幫助我的孩子對做自己有信心呢？

值得注意的是，有些人覺得我們目前的教養方式和學校氛圍，太過強調自尊。我們對孩子要認為自己很好這件事過於認真，像是《感覺良好的課程：以自尊為名讓美國小孩變笨》（*The Feel-Good Curriculum: The Dumbing Down of America's Kids in the Name of Self-Esteem*，暫譯）這類書就是範例。這本書提出的觀點就是，注重自尊造就了一個「孩子為所欲為、自以為是、成績欠佳」的世代。

這裡一個有價值的觀點是，孩子可能會擁有過多的自尊心，而認為自己不會做錯事。自尊源於成就，來自擁有某些特殊技能。然而儘管如此，這和缺乏自信、不快樂的孩子之間，還有一段很長的距離。

在思考自信、自尊、歸屬感和面對霸凌的心理韌性（resilience，以下也簡稱為韌性）數據時，值得回到課外活動的數據上。課外活動或夏令營的許多好處，似乎都來自於自信與自尊心。讓孩子參與課外活動可能是一個很好的緩衝，因為如果在校內遇到困難，不管是學業上或社交上，課外活動讓他們有一個能集中心思的地方。課外活動可能是一個結交新朋友的地方，或者是一個當學校生活不順利時，能一展所長的地方。

我們也可以在數據中做更具體的討論。假設你的孩子受到霸凌，或被視為「怪咖」，我們對解決這個問題有多少了解呢？數據對遭霸凌者的心理韌性怎麼說呢？如果你的孩子真的很痛苦，我們對有效的介入措施了解多少呢？

對此我還是要清楚指出，這些數據無法取代治療，也無法適用於處理非常棘手的社會情緒問題。患有焦慮症或憂鬱症的孩子需要專業協助，而專業治療師的能力，遠遠超過我們在這裡所能檢視的問題。

數據怎麼說：對抗霸凌的心理韌性

自尊在字典中的定義是「對自我價值與能力的信心；自我尊重」。基本上就是指感覺自己已經夠好了，感覺自己是一個有價值的人。自尊攸關自信，但卻不相同。視自己為具有高「價值」的人，和對自己的能力充滿信心，是有差別的。就某種意義上說，我們或許認為價值感可能更難獲得。我可以透過成功達成看得見的任務，來提升對自己能力的信心；但是我如何對自己的價值有好的感受呢？我們可能要靠旁人來說服我們自己是有價值的，自尊本質上是一個社會概念。

這是心理學中相當令人感興趣的課題。我讀過其中比較有趣的論文是將自尊與自我概念做連結。[16]研究者認為擁有清楚且穩定自我概念的人，比較可能擁有較高的自尊心。相反的，自尊心較低的人，似乎具有較模糊、較不穩定的自我概念。

自尊與「韌性」的概念密切相關，韌性就是當不好的事情發生時，你能夠恢復的能力。如果你（無論是成人或兒童）想成功克服挫折（無論是因為別人對你刻薄或是其他問題），擺脫挫折感的能力就是關鍵。

對於任何家長來說，或許最困難的事情，是明白自己沒有能力永遠保護自己的孩子。我敢肯定，我們大家有時候會想進到孩子的教室，大聲指責那個不和善的孩子。但這不能解決問題，也不是文明的辦法（真的，千萬不要這樣做；在接送孩子時，給他們的家長幾個不屑的眼神就夠了）。你可以和孩子討論如何處理人際互動，或是如何改善人際互動。但除非你孩子的經驗非比尋常，否則**人際間的挫折是免不了的**。

這些挫折對孩子來說確實有影響。有大量的問卷調查數據指出，霸凌（包括身體上或情緒上的）對孩子有害，會引起不快樂、憂鬱、焦慮，這會影響孩子的自我價值感。[17]一項針對芬蘭七到九歲兒童的長期研究發現，那些在社交上比較孤立的人，比較有可能同時發展出內在性（憂鬱與焦慮）及外在性（以不當行為發洩、具攻擊性等）的行為問題。[18]

然而，**並不是所有的孩子對社會孤立會有相同的反應，而這就是韌性發揮作用的地方**。我們很難甚至不可能控制孩子在朋友間是否受歡迎，真正的問題在於，如果孩子不受歡迎，是否有辦法提供保護。在前面討論過的芬蘭研究發現，社會孤立和行為問題之間的連結，會受到友誼的調節。具體來說，對於說自己有一些朋友的孩子，研究者沒有發現社會孤立會導致行為問題。你不一定要受朋友歡迎才會快樂，但有幾位朋友會很有幫助。

其他數據指出，家庭可以扮演類似的角色。例如一項以英國兒童為對象的研究中，研究人員蒐集有關家庭環境、母愛溫暖和手足關係的資料。[19]在這項研究中的兒童還報告了自己受到霸凌的經驗。

研究人員之後測量了孩子的自尊與韌性。整體而言，他們發現，生活在有母愛和手足溫暖家庭中的孩子，更有韌性。事實上，擁有穩定和快樂的家庭生活，似乎可以保護孩子，免於承受來自同儕霸凌的影響。這具有因果關係嗎？很難說。不同的家庭之間還有許多其他差異，而這些差異很可能和正向的家庭環境以及韌性有關。然而，可以這麼說，這些結果在直觀上是合理的，並且也有其他研究的回應。這些研究顯示，擁有穩定的家庭關係，有助於保護孩子免於霸凌的長期後果。[20]

就某種意義上說，你或許不需要數據和證據來說明，**穩定的家庭關係對孩子的各項成果有益處**。我們在世界上所觀察到的其他諸多事情，應該足以說服我們這個觀點。然而我認為在這些結果中值得注意的是其中的交互作用。不是說來自穩定家庭的孩子較少受到霸凌，而是當這些孩子受到霸凌時，他們似乎在短期或長期所產生的不良後果，都比較少。用一句話來形容，就是他們具有韌性。

認知行為療法

我讀大學的時候，在我朋友海勒（Sara Heller）執導的多部戲劇中擔任燈光設計師。多年後，當我在芝加哥大學擔任教授時，她在芝加哥大學攻讀公共政策的博士學位（她現在是密西根大學的教授）。

在芝加哥大學期間，海勒發展出我所見過最引人注目的社會科學研究作品之一。與美國大多數地區一樣，芝加哥市的高監禁率是個大問題。有大量文獻討論這些數字背後的原因，但是在當前的系統內，降低監禁率已被證明是一個棘手的問題。我們可以看到造成監禁問題的循環，通常是從孩子很小的時候開始，也就是說，在學校時期就出現行為問題。

海勒和她的共同執筆人在芝加哥兩個不同的環境──一所高中和一個少年輔育中心，設計並執行了一項隨機評量。[21]這是一個稱為「成為男人」（Becoming a Man）的計畫，大致是以認知行為治療的一般原則來設計。簡單來說，認知行為治療是一種短期、實踐導向的心理治療方式。它的重點不在於找出創傷或行為的根本原因，而是注重改變思維模式、識別壓力狀況，以及改變處理方法的工具。

在海勒的實驗中，這個課程計畫強調放慢思維，衡量攻擊性的反應是否適合某個情境。參與計畫的男孩被聚集起來，一起訓練這些技能。有一項活動和一顆球有關。一對男孩中，研究人員把球給了其中一個男孩，然後告訴另外一個男孩「去拿那顆球」。幾乎在所有的案例中，他們都想靠蠻力把球奪來。

活動結束時，研究人員問他們：「你們為什麼不開口要球呢？」通常，原先持球的男孩對這個問題的回答是：「沒錯，那我就會把球給你，不過就是一顆球」；而想拿到球的男孩則表示，他們從未想過只要開口就能拿到球。這個計畫的重點在於培養男孩的心智工具，讓他們了解當面臨某種情境時，其實並沒有人身攻擊的必要。

這個計畫極為成功，研究人員看到監禁管束減少、學業成績和出勤率提高，並且（在少年輔育中心實施時）再犯減少（參與這項計畫的孩子在獲釋後比較不可能再被監管）。這是一篇簡要明確又深思熟慮的論文，是一個對政策有重大影響的優秀研究。

雖然海勒的研究對象，比本書所討論的年齡層大許多，而且是高風險族群，但反映了這些計畫對在許多不同問題上面臨困難的孩子，產生了正向影響。這類工作大部分都集中在高風險的樣本上，有證據顯示，「創傷聚焦認知行為治療」對經歷過非常嚴重負面事件（虐待、暴力）的兒童，具有正向效果。這些效果也可在參與者大腦活動變化的測量上看見。[22]

這個領域的研究還顯示出，這有助於改善面臨霸凌等日常生活問題孩子的焦慮與憂鬱。例如有一項對被霸凌的青春期男孩所做的小型研究發現，認知行為治療型態的介入措施，減低了孩子的焦慮、憂鬱及霸凌行為，這種效果甚至在幾個月後依然持續。[23]

研究還顯示對年齡較小兒童的影響。在一個案例中，研究人員評量了一個旨在減輕焦慮的酷小孩計畫（the Cool Kids Program）。[24]他們關注有高度焦慮的八到十三歲孩子，發現這個計畫可減少焦慮、憂鬱，並且提升自尊心。該項計畫（與多數認知行為治療計畫一樣）注重辨識、管理焦慮的實用方法，而不是深入探究這些感受的根本原因。[25]

從數據看來，一般而言，認知行為治療似乎對焦慮、憂鬱或自尊心低落的孩子有幫助。

但這並非人人適用，如果你的孩子正遭遇困難，最合理的做法是尋求個人化的專業協助。令人放心的是，我們不會求助無門。

數據告訴我們的重要訊息

- 自尊、焦慮、憂鬱會受孩子的同儕經驗所影響。
- 穩定的家庭生活，包括有正向的朋友、手足以及親子關係，可以緩衝負面的同儕經驗。家能夠成為一個安全的避風港。
- 認知行為療法在解決孩子的焦慮、憂鬱和自尊心低落方面，有成功的希望。

案例應用▼

我的孩子是欺負人的壞小孩嗎？

這是一通你不想接到的電話。

「喂，史蒂夫？我是弗蘭雀斯卡，朱利安的媽媽。朱利安和馬修同班？」

「喔，你好！」你努力從一堆小學三年級學生的面孔中想起朱利安。是背恐龍背包的那個孩子嗎？

「我很抱歉這麼晚打電話給你，但是我想我們遇到一點問題。朱利安說他在學校被霸凌，班上的男孩不讓他在下課休息時踢足球，還有一些其他問題。」

「喔，天哪，我很遺憾。這聽起來真的有點麻煩。你希望馬修幫忙嗎？」在那一瞬間你有點自豪，或許她打電話來是因為她認為你的孩子是樂於助人的小孩。

「其實……朱利安告訴我，馬修是帶頭的人。很抱歉，就是他告訴朱利安說朱利安足球踢得太差，不能和他們一起踢球。」

你的心一沉。你謝謝她打電話來，你說會和你的另一半以及馬修談談，然後掛上電話。

你的孩子就是那個欺負人的壞小孩嗎？你應該如何處理這件事？

▲界定問題

在這種情況下，你的直覺可能是先把馬修拽下樓來，接著大概是對著他大聲訓斥。他怎麼會是那種欺負別的孩子的人？你沒教好他嗎？他明天去上學時要邀請朱利安這個週末到家裡來。這個星期他別想吃點心。面對這種情況，你考慮要取消他的慶生會。你火冒三丈。

還是，你的直覺可能是認為，朱利安的媽媽說謊，然後向你的另一半抱怨，這真是太沒道理了。

稍安勿躁。

這兩者都是幼兒教養風格的反應。你還處於新生兒模式，想要即時解決問題，這是綠色大便問題的反應。清理綠色大便，打電話給醫生，解決問題。

這種做法在這裡是不管用的。這不是一個可以立刻解決的問題，即使當下看起來能快速解決。你還沒有全盤了解，三年級孩子踢足球時的社會互動，可能比你所想的更為複雜。其中緣由，可能比朱利安的媽媽所聽到的還多。如果你對馬修發火，風險是你可能會破壞和他的關係，而且並沒有深入了解所發生的事情。如果你認為朱利安的媽媽說謊，那你可能會錯失防患於未然的機會。

第一步應該還是要架構好問題。如果有另一半的話，就和另一半一起（但馬修可能不要加入）。我的想法是，這裡有幾個問題需要回答：事情的真相為何？這已經成為一種行為模式了嗎？我們如何糾正這種情況？

▲查核事實

這時候需要蒐集的最重要證據，就是三年級班上的社會互動。你個人可能很希望，這是升上四年級時就可以拋諸腦後的事，但是沒這種好事。

你至少需要打電話給馬修的老師。他們知道班上所發生的事嗎？他們也認為馬修霸凌朱利安，或是對馬修有什麼批評嗎？

如果你認識馬修班上其他孩子的家長，你或許可以問問他們是否有耳聞。最後，雖然不容易，但你或許可以再打電話給朱利安的父母，試著多了解事情的來龍去脈。當初你可能有點驚訝、有點生氣，也許帶點防禦心，所以你們最初的談話，可能不是弄清楚事情真相的最佳時機。

最後，你可能真的需要和馬修談一談。但是要在一個比較安靜、你比較不生氣的時候。讓他從他的角度解釋所發生的事情。

▲最後決定

你在這裡所做的決定，大多取決於你查核事實時，所了解的狀況。假設你了解到，霸凌行為在三年級是一個普遍的問題，在這種情況下，可能是時候和校方約談，或許可以引進我們在上一章所討論的，有關如何在班上培養社會情緒技能的一些課程。校方或許會拒絕改革，但也不一定。如果校方在這個問題上有困難處理，他們可能會歡迎一些有數據依據的方法。

或者，你可能得知問題出在馬修。這不是你所希望的，但是我們並不總是像我們所認為的那麼了解自己的孩子。也許你需要多花時間專注在和他一對一相處（或是由其他人專責），讓他多加思考自己行為的重要性。承認你需要這樣做，可能會非常困難，但早做比晚做好。

又或者，最後你可能發現這件事還有更多考量，也許馬修在某些你不了解的方面有困難。他需要更多幫助，學習管理某些複雜的情緒，而不是接受懲罰。本章中的一些數據，或許能幫助你思考如何著手。

總之，你需要一個計畫進行下一步。你需要想好如何與朱利安的媽媽做後續討論，而且不可避免的，也要想好馬修與朱利安後續相處的計畫。即使錯不在馬修，或者這個事件比他們之間的互動問題更大，這都有待解決。

▲後續評估

後續評估在這裡非常直截了當。如果你遇到這種情況，你會花上一段時間來處理這個問題。請克制想放棄、想不了了之的衝動。如果你現在花時間處理，到孩子上國中時就會看見很好的成果。

11 娛樂

孩子一天中的重要事情，我們到目前為止，已經討論過許多項目了：睡眠、飲食、學校、課後活動。還沒有討論到的，差不多就剩休閒活動了。當閒暇的時候，孩子應該做些什麼呢？孩子的休閒活動中，很大一部分是使用有螢幕的電子產品：包括被動型態（觀看）和主動型態（社群）。

螢幕時間引起許多家長心中的恐懼。螢幕被醜化。未經證實的文章報導，矽谷的家長（在科技業工作的人）不讓他們的孩子接觸螢幕。文章的標題寫著：螢幕會改變你的大腦（破梗：每件事情都會改變你的大腦）。接觸媒體與科技助長青少年憂鬱症和焦慮症的趨勢；讓孩子參加一個沒有電子螢幕的夏令營；送孩子參加電子排毒計畫；把你自己的手機收起來，你做了壞榜樣。

然而，事情並沒有那麼簡單，不是嗎？螢幕不像香菸，並非所有出現在螢幕上的訊息都是不好的。

也許你上二年級的孩子在學校使用「科技」（即使那只是在iPad上玩遊戲）。從四年級開始，學生應該能夠流利地打字，他的回家作業其實都是使用電腦完成的。芬恩四歲時，有一天，他要我買iPad上的應用程式給他，潘妮若碧（八歲）插進這麼一句話：「HOMER已被證實可以讓閱讀分數提高七四%！」

原來HOMER是一款教孩子閱讀的應用程式。甚至我也有點心動，七四%聽起來的確是大幅提升！也許我可以把「教孩子閱讀」這件事，外包給應用程式商店。即使是被動性觀看電視，也有支持者。有力的研究顯示，觀看《芝麻街》可以提高就學準備能力（school readiness）。[1]

我們之所以醜化電子螢幕媒介，可能只是因為它是新興事物。當小說十八、十九世紀開始普及時，也產生許多相同的恐懼。許多女士圍坐閱讀這些虛幻的故事，而不是閱讀《聖經》或《柏拉圖》。人們覺得這太過逃避現實，女性會不受現實束縛，太受書本吸引，而無視於現實。

這是一個很難探究的領域（如同多數的教養領域）。我會列舉一些數據，有些是有關被動螢幕觀看（電視、電玩遊戲）的影響，有些是關於社群媒體的影響。有些數據很有趣，然而這無法直接回答接觸電子螢幕是「好」是「壞」的問題。

這並不是因為數據不完整或有缺失，數據的確不完美，然而這不是問題所在。問題乃是，這個問題並沒有答案。

要思考這些問題，我們需要考慮「機會成本」這個經濟學的核心概念。就金錢而言，這個概念表達的是，當你評估某件事物的真正成本時，也需要把這筆資金的其他可能用途納入考量。當我評估是否要把錢花在一個奢華假期時，我需要考慮這筆錢還能另做何用。

機會成本也適用於時間。如果我花時間從事某事，這個結果就是，我花在其他事情的時間會較少。當我撰寫本書，我撰寫學術論文的時間就減少了，其中是有機會成本的。當你的孩子使用螢幕時，花在其他活動的時間就會減少。問題不在於螢幕在本質上是好是壞，而是在特定的時間點，使用螢幕在本質上與其他活動的優劣比較。

螢幕可以成為生活中完全良性的一環，假如你同時記得螢幕時間的機會成本的話。審慎思考你們家和螢幕的關係，將是十分重要的。本書可能有些幫助，但我不會詳談範例。有許多其他作家已經對此討論過。卡曼尼茲（Anya Kamenetz）的《螢幕兒童》（*The Art of Screen Time*）對於家庭如何處理螢幕問題，有充分的真實情境範例。

電子螢幕：觀看型態

根據尼爾森（Nielsen）的數據，二到十一歲的美國兒童，平均每週觀看二十四小時電視節目；電玩遊戲或電腦遊戲的時間，還不在此列。[2]有些數據顯示，這些數字已經逐年下降，雖然這些資訊是出了名的難蒐集。

這樣的時數合宜嗎？美國兒科學會認為孩子看太多電視了，然而對學齡兒童，有別於幼齡兒童，他們不主張對電視時間加以具體時間限制。他們以及其他消息來源對觀看電視的危險性提出警示——肥胖、睡眠不佳、課業成績表現不佳，但是並沒有太多有力的佐證。

我以前的研究也討論過這個議題。你可以找到看電視與孩童表現結果之間各種相關性的資料，然而這些關係似乎很可能多半是由家庭與家庭之間的其他差異所導致，而不是由於電視本身。

但是這些結論所依據的數據，在現今已屬老舊。這並不表示我們不能對此有何說法，這其實意味著現在是使用我們所發展的工具來規劃選擇的好時機。決定你們家與這類媒體（電視、電玩遊戲、串流影音平台）關係的關鍵，或許不在於某些特定的數據或證據，而是需要以你們家庭的情況，來分析所做的決定。

我喜歡用我稱為「牆面／內容分析」的方式來討論這點；也就是說，把盯著空白牆壁的影響，與牆上所呈現內容的影響區分開來。我會試著把花在電視或電玩遊戲時間的影響，與其內容的影響，做一區分。

數據怎麼說：凝視牆面

如果你的孩子正凝視一面牆，表示他們沒有在從事其他事情。這或許再明顯不過，但我認為這可能是被動式媒體討論中，一個被低估的面向。當我的孩子凝視一面牆，表示他沒有在做家庭作業、做運動、自己在外面玩、閱讀、練習小提琴、烹飪、吃點心、做手工藝、學習寫程式等等。

我們知道，一天的時數是有限的（具體說就是二十四小時）。用經濟學的術語來說，凝視一面牆的時間是有機會成本的。如果你的孩子本來可以參與一項運動，那麼凝視一面牆的機會成本，就是他們從那項運動中所能獲得的好處。

這種把原先可做他用的時間排擠掉的效應，似乎確實有其不利之處。挪威的一項研究顯示，相較於沒有電視可看的男孩，成長過程看電視長大的男孩，他們的考試分數較低，從高中畢業的可能性也較低。[3]研究者認為，原因在於花在看電視的時間，排擠了做家庭作業的時間。

其他研究強化了這一點，一項來自法國的研究顯示，玩電玩遊戲本身和考試成績低落並無關聯，但是花時間閱讀則和考試成績較佳有關聯。[4]換言之，如果你在閱讀而不是玩電玩遊戲，這可能會提高你的考試成績。但是你沒閱讀的原因，是因為你在玩電玩遊戲，或是因為你在凝視一面牆，就不那麼重要了。

替代時間效應並不限於認知方面。觀看電視最常被引述的缺點之一，就是增加肥胖風險。因為如果將花在看電視的時間用來運動，就可以增加卡路里消耗。

考慮到凝視一面牆的機會成本議題，螢幕管制計畫的合理起點是去問：在一般日子裡，你認為孩子適合花多少時間凝視一面牆？

你的直覺或許是「零」，但我認為並不見得。每個人都有需要休息的時候，如果你的孩子決定每天在晚餐前花半個小時凝視一面牆，你大概不以為意。事實上，你可能會很高興，這是種冥想！而且，你也因此有些個人時間。**在現代教養的壓力下或許很容易忘記這點，然而不是每天的每一分鐘，都需要花在優化你的孩子身上**。但同時，答案也可能不是每天盯著牆看五個半小時，這樣會沒時間從事其他活動。

因此，在我們討論內容以前，你對大局的部分討論，可能應該包括一點「凝視牆面」的分析。如果你計畫讓孩子看電視、玩電玩遊戲，或有其他形式的被動螢幕時間，在時間安排上，第一個問題就是，安排在什麼時間才合適呢？

數據怎麼說：電視與電玩遊戲內容

當然，牆上的電視螢幕，比單純牆面更能吸引孩子，也因此，規定時間限制就更具挑戰性。如果你告訴孩子，你要限制他們凝視牆面的時間，你可能不會得到太大反彈。但是如果你限制看電視的時間，很多孩子會說，他們希望有更多時間看電視。

（從好的方面來說，電視很有趣這件事表示，你可以把電視當成一種獎勵手段，一種讓孩子安靜的方式。iPad讓我們帶孩子長途飛行，變得無比輕鬆。）

然而，這種反抗並不是這時期的教養過程所獨有的，所以我敢說對設限一事，你已經有過被抗議的經驗了。另一個大問題是，你一旦在孩子所看的牆上裝了電視，或是在電腦上裝了電玩遊戲，在iPad上裝了Netflix，你會開始擔心放映的內容。孩子所觀看的內容重要嗎？

簡短的回答是：重要。孩子能夠從電視中吸收事物（稚齡的孩子還不會，但大多數孩子到三歲就會，學齡兒童當然更有能力）。他們能夠學到好的事物，例如有證據顯示，《芝麻街》有助於提高早期的認知能力。[5]我的經驗也告訴我，孩子可以從影片中學習到有關北極熊的基本知識（像是北極熊的皮膚是黑色的，不是白色的）。

但他們也會學到不好的事情，或者被所看到的內容嚇到。我們許多人都有這類遭遇，我們不巧觀看了對自己來說太恐怖或超齡的電影、電視節目，然後對情節揮之不去。電視節目和電影可能播放我們還沒準備讓孩子知道的主題。分級的級別並不總是對了解內容合適與否有所幫助，因為每個孩子都不一樣。

在我家，芬恩是出了名的不受詭異、恐怖電影的影響，但非常容易因悲傷情節而情緒波動。潘妮若碧看到在社交上的尷尬時刻時，會把臉遮起來，但是在《冰雪奇緣》中，艾莎父母去世時她卻沒事。因此，一般而言，注意孩子觀看的內容是個好主意。

但是，如果孩子觀看暴力電視節目或玩暴力電玩遊戲時，感覺很自在、心理不受攪擾，那就沒關係嗎？還是這種暴力內容，會讓他們較可能變得暴力？

對於第二個問題：有些人的回答是肯定的，這個答案反映了數據中的某些事實。平均來說，玩較多暴力電玩的孩子，較有可能出現行為問題，並且在現實生活中做出暴力行為。[6]當然，這類的證據有其嚴重的侷限。我們不能確定其因果關係的走向——是因為暴力傾向導致某些孩子更喜歡暴力電玩，還是因為玩了暴力電玩導致暴力傾向呢？此外，還有一個基本的問題，那就是孩子的其他特質很可能有差異，像是家庭背景、家長教育程度等。

更具說服力的證據來自實驗室的實驗。其中一個例子是二〇〇〇年發表於《性格與社會心理學》上的一篇論文。在這篇論文的許多實驗中，有一個實驗，研究人員測試接觸暴力電玩是否會提高短期攻擊行為。[7]研究人員讓一些參與者玩暴力電玩（一款有關納粹分子的射擊遊戲，名為《德軍總部3D》），其他人則玩非暴力電玩（一款大自然冒險遊戲，名為《迷霧之島》）。玩一段時間以後，所有參與者都參加一項競爭性質的反應時間任務，任務的目標是要比未知的對手更快按下按鈕。如果輸了，他們會聽到一個巨大的響聲，而響聲的音量是由對手設定。如果贏了，他們可以設定對手會聽到的聲響音量。

但其實並沒有真實的對手，研究人員只是讓他們誤以為有競爭對手。研究者根據參與者所設定的聲響程度來衡量攻擊性，具體來說就是，根據參與者是否藉由提高自己所設的聲響音量，來對對手的響聲做出回應。簡單來說，先前玩暴力電玩的人，他們的報復程度是否比玩非暴力電玩的人更大呢？

是的，沒錯，他們的報復程度較大。如果參與者先前玩暴力電玩，報復性的聲響比較大。另外有幾個實驗也發現了類似結果。基本上，在接觸暴力遊戲後的短時期內，攻擊行為的程度的確似乎較高。[8]

結合先前第一個數據，有人因此認為，一般而言，接觸暴力電玩會助長暴力。但實際上，這種說法似乎是有點太過。短期間在實驗室所炮製的攻擊性，並不會明顯轉化為長期的行為改變。

而事實上，隨著這類文獻的進展，「暴力內容與攻擊行為」的連結在這個領域並不很重要。試圖將攻擊行為的變化與玩電玩遊戲做連結的長期性研究，在統計上保持玩家特徵不變時，並沒有顯示任何關連。[9]其他研究也顯示，當數據可以更完備地調整不同家庭之間的差異性時，這些電玩遊戲與不良結果之間的連結就消失了。[10]附帶提及一個相關但不全然相同的結果，其他研究駁斥了電玩遊戲與性別歧視態度之間的連結。[11]

雖然這並不能反駁有關攻擊性的實驗室研究，但這些研究指出，任何現存的連結都不夠重大、不夠持久，不足以對現實世界的行為產生影響。

在這裡，以凝視牆面時間相同的方式來思考內容的課題，或許是合理的。電視或電玩遊戲的內容，可以極富教育意義。研究顯示，數學的電腦遊戲可以提高關於分數的知識。[12]有很多應用程式把基本技能遊戲化，如果你花一小時玩這種遊戲，會比玩一小時的射擊遊戲，學到更多數學知識。

另一方面，讓我們回到大局。你所安排的休息時間，顯然不是你想花在學數學的時間。底線是，花在以娛樂為主的電玩遊戲時間就是純娛樂時間——不從事其他事情的時間，內容本身大致不需要擔心，除非它讓孩子不舒服。

數據怎麼說：成癮與睡眠

在得出電視和電玩遊戲除了機會成本以外，大抵上是無害的結論以前，我們還值得討論成癮的可能性，以及螢幕對睡眠的影響。

特別是電玩遊戲成癮，常常出現在媒體中。在我們的想像中，這些孩子長時間盯著螢幕，偷偷把遊戲機帶上床，甚至捨不得離開房間去上廁所。如果允許孩子看電視或玩電玩遊戲會讓他步上這條路，哪怕只是少量，也得考慮再三。也許看點電視沒關係，但使人分心、令身體衰弱的電視成癮症，顯然不在此列。

一方面，有些人確實沉迷於電玩，並且幾乎是不計一切代價來玩電玩。孩子以各種不同的方式沉迷於螢幕，忽略了課業、友誼與家人。無可否認，這是不健康的，當這種情形發生時，可能就需要一些外部介入措施。

另一方面，這類成癮症相當罕見。匯集大量的研究後，一篇論文認為，「問題」電玩玩家平均比例約在二%到一〇%之間。[13]這通常是根據研究經常玩電玩的孩子所得，因此如果你把所有偶爾玩電玩的玩家也納入，那麼這個數字就小多了。絕大多數玩電玩的孩子，沒有因玩電玩導致問題行為的徵兆，或電玩成癮的跡象，而且一般不太可能會發展出這些問題。

當這些研究者努力更加了解這些電玩成癮，或玩電玩造成行為問題的玩家特徵時，他們發現這些玩家比較可能是男孩。[14]他們也比較可能來自弱勢家庭背景，較可能是貧困家庭或單親家庭。[15]或許最值得注意的是，有些證據顯示，他們具有與其他成癮症相同的心理特徵。[16]

最後這點指出，至少在某方面，電玩可能只是催化劑，而不是成因。如果沒有遊戲機，也許同一個孩子會發展出對其他事物成癮的症狀，像是酒精、大麻等。這也顯示出某些孩子比其他孩子，更容易受到這些問題的影響。

這感覺就像是教養中的諸多煩惱一樣，對於這些煩惱，你既不應該過度擔憂，也不應該完全無視。有些孩子會有玩電玩的問題，如果你覺得你的孩子過於投入，太常選擇螢幕勝於選擇與人互動，或是出現憂鬱或沉迷的症狀，你應該採取行動。但另一方面，這種情形的可能性不高，有很多孩子有玩電玩，卻沒有產生這些後果。

然而，當談到睡眠時，證據顯示，螢幕和睡眠無法兼顧。如你所知（如果你按照順序閱讀本書章節），睡眠對孩子來說極為重要。優質睡眠很重要，但因為種種因素，許多學齡兒童睡眠不足。而其中一項原因似乎可能是看電視。

首先，有一些證據指出，看較多電視（尤其是就寢前在床上看電視）會影響睡眠。房間裡有電視的孩子，睡眠時間較短。[17]看較多電視的青少年，睡眠品質較差，但減少看電視時間，似乎能改善他們的睡眠。[18]當然，這些常見的警告都適用，但就這個課題，我們也有一些實驗證據。

一項有幫助的研究，監測青少年在就寢前，連續看大量電視或玩大量電玩後的睡眠模式。[19]研究者追蹤十一名兒童在三種不同情況中（不看電視、不玩電玩，以及從下午六點到七點玩一小時電玩或看一小時電視）的睡眠狀況。孩子的就寢時間大約是晚上八點半或九點。研究發現，睡眠模式會受到電視和電玩的影響。不過電視和電玩的影響似乎有點不同，我們顯然需要對此進行更多研究，才能真正了解這些機制。

然而事實就是，就寢前看電視、玩電玩，會使睡眠品質惡化。證據似乎足以對允許在就寢前看電視或玩電玩，以及對孩子房間裡有電視，提供一些警告。儘管你可能不想聽，但這些警告對成年人也一體適用。

數據怎麼說：親子共同參與

二〇一六年，美國兒科學會修訂了看電視指南，其中，他們鼓勵家長「共同」參與，和孩子一起看電視、玩電玩。基本的訊息是，**如果你與孩子一起看電視、一起玩電玩，這些活動的益處會更多**。因此家長可以和孩子一起參與，一起討論。

雖然我們可以了解這種邏輯，但這並沒有太多證據做基礎。如果你們一起看《冰雪奇緣2》，那麼之後或許有更多機會來討論，為什麼安娜的確有必要摧毀那座橋，還有（如果你的孩子年齡大一點的話）剖析這是否暗示著艾莎和哈妮瑪倫會開始發展一段戀情（她會吧，對嗎？我不可能是唯一注意到這件事的人）。

至於應用程式，尤其是「具教育性」的應用程式，很明顯地，如果你從旁協助他們理解整體環節，孩子會從中學習到更多。

另一方面，這很難不讓人覺得，又多了一件要做的事。現在為了做個好媽媽，表示我必須和孩子一起看電視嗎？而且，孩子通常喜歡很難看的節目。我的孩子對《星光繼承者》電影三部曲感興趣，我曾經和他們一起看了二十分鐘，而我不得不說，我極端後悔我把手機留在樓上。是的，和他們窩在一起很好。但是老實說，那二十分鐘的相處，並非我的首選。

這也顯示了媒體使用對孩子可能產生的正向影響。電視、電玩、應用程式，它們其實不是一無是處！它們可以成為你和孩子相處、分享興趣的一種方式。傑西等了好多年，等孩子大到能分享他對卡通的興趣，和孩子在週末的晚餐前一起看電視，是他最喜歡和孩子共處的時光之一。

這一切都和尋求平衡有關。但睡前看電視、打電玩除外。

數據告訴我們的重要訊息

- 時間是有限的。看電視所花的時間是原本可以用來做其他事情的時間，「機會成本」值得我們列入考量。然而有時候稍做休息也不錯。
- 孩子會吸收電視節目的內容，所以值得加以監督，並且篩選觀看的內容。
- 暴力電玩導致暴力行為的證據，是根據實驗室研究的數據，在真實世界的環境中似乎並不具重要性。
- 電玩成癮確實會發生，但並不多見，而且那很可能是反映潛藏的問題。
- 就寢前的螢幕時間會影響睡眠，因此可能是一件壞事；對家長來說也是。

社群媒體

你五歲的孩子顯然會喜歡書本和電視（甚至你兩歲的孩子也可能會喜歡）。如果家長許可，七、八歲的孩子通常會喜歡電玩遊戲。不過，在社群媒體上的人際互動，要等孩子更大一點才會開始。多數八歲的孩子沒有Instagram的帳號，至少沒有可用於和朋友閒聊的帳號。

而且由於社群媒體本質上就是用於社交，如果沒有其他同學使用，那你的孩子應該也不會躍躍欲試。

然而到孩子念國中時，當越來越多同學擁有手機，或是更常使用電腦，社群媒體就很難避免了。孩子會想使用Instagram、Snapchat，或是任何孩子現在流行使用、而你從未聽說過的新玩意（像是「抖音」）。這些社群媒體大都有最低註冊年齡，通常是十三歲，所以使用社群媒體的問題，會在此年齡後出現。

不過，預先思考社群媒體是好的，因為數據指出，青少年花了大把時間使用社群媒體。甚至在二〇一一年，調查指出，大約四分之一的青少年，每天登入社群媒體網站至少十次以上，二分之一的人則是每天登入超過一次。[20]而那還是早在二〇一一年，現在這個數字一定更高（你自己每天查看臉書／推特／Instagram超過十次以上嗎？）。

在討論數據以前，請注意，設限和檢查可能是使用社群媒體的關鍵所在。社群媒體可能讓人廢寢忘食，你可能不介意偶爾使用，但是不樂見孩子整天都在網上互動。

我們在這裡討論的重點，應該放在制定限制事項與檢查項目。你可以對此發揮創意，也許可參考家中其他大人的意見。也許每週有一天，你們家不准使用社群媒體；也許一個月有兩天，禁止使用社群媒體；也許在家裡使用手機要有限制。像這類的限制，可以幫助你了解孩子對社群媒體的體驗。如果他們在不使用社群媒體時，看起來比較快樂，或是如果他們看起來像是沒有社群媒體就活不下去，那就是一種警訊。

社群媒體在青少年和不到二十歲的年輕人中的普遍使用，引起了極大的恐懼。二〇一六年《時代》雜誌的封面故事，探討了青少年焦慮和憂鬱症的問題，文章的副標題為「孩子為什麼不對勁」。[21]這個報導的涵蓋面甚廣，但有個重點提到，社群媒體至少是導致青少年和不到二十歲的年輕人憂鬱與焦慮增加的部分原因。報導強調，青少年可能因為能夠不間斷地了解別人的動態（或許因為他們自己沒有參與其事）而感受壓力。文章還指出，藉由網際網路所接觸到的社群，會讓那些掙扎於飲食失調或自殺意念的青少年，找到強化這些傾向的人。

身為尚未進入青春期孩子的家長，這個故事會讓我想把女兒藏在屋子裡，直到她二十多歲。

青春期是一段非常脆弱的時期。從某種意義上說，我看到青春期和成為新手媽媽之間強烈的相似處。你正經歷身體的變化，狂飆的荷爾蒙起伏不定，你的整個人生被連根拔起。獨立性更多（青少年）或更少（新手媽媽），新的壓力，新的日程表，新的挑戰。

作為新手媽媽，網際網路和人際聯繫可能有好有壞。一方面，當你在凌晨三點還醒著，迫切需要有關如何舒緩乳頭皸裂的建議時，能夠連結到一個和你處於相似階段的網路社群，真是太好了，她們也還醒著，可以告訴你解決方式。廣大的社群讓找到與你有共同價值觀，或與你面臨相同挑戰的其他家長，變得很容易。

另一方面，社群媒體可能會導致無謂的比較。當你舉步維艱地走去洗澡，想不透自己為什麼仍然看起來像是懷胎六個月時，看見那位「健康部落客」的六塊肌，在生產完四天後就又出現了，並不一定對你有益。在Instagram上瀏覽別人的嬰兒照片並不總是反映真實，而且由於你生活在自己不折不扣的現實中，就很容易人比人氣死人。

所有這一切都是在說，在新教養時代，社群媒體對家長來說，可能是福，也可能是禍（或是兩者皆是）。對青少年也是如此。社群媒體可以幫助孩子接觸到有共同價值觀、共同興趣的人，幫助孩子表達自我，和朋友保持聯繫。但社群媒體也可能產生被遺漏、不快樂、不如人的感覺。大概上述兩種情況都有，甚至可能發生在同一瞬間或同一天。

不過這種現象不是社群媒體時代所獨有的。Instagram可能是當前這個問題的發生地，但是青少年社交焦慮早在iPhone出現以前就有。顯然手機不是原因。

我認為數據要回答的關鍵問題是，社群媒體是否讓孩子的情況變得更糟，以及哪些孩子受到的影響特別大。

數據怎麼說：接觸社群媒體

二〇一四年，三位研究者在《兒童與青少年服務評論》上發表論文，他們整理了四十三篇關於媒體科技對青少年福祉影響的研究。[22]

用簡單的方式來說，他們的結論指出：社群媒體正向影響和負面影響都有。從正向來說，有證據顯示，社群媒體對自尊心有影響，社群媒體也提高了建立認同、分擔憂慮的能力。負面影響是，對某些孩子來說，社群媒體似乎增加了社會孤立與憂鬱，讓孩子容易受到網路霸凌。

然而，絕大多數研究顯示，社群媒體對孩子的影響很小、影響有好有壞，或是沒有影響。也就是說，對大多數孩子而言，社群媒體既非祝福也非詛咒，只是中性的媒介。

還要注意的是，這裡的數據欠缺我們想看到的有力的因果關係。我們沒有數據來自隨機分配社群媒體，然後檢視孩子的結果。大體而言，我們甚至沒有次佳的數據，像是追蹤孩子在接觸社群媒體前後的數據。

美國國家衛生研究院目前正進行一項大型研究，研究在二〇一八年參與研究時十歲的孩子，並追蹤他們的發展，一直到成年期。但這項研究主要關注於螢幕的影響，並沒有隨機分配的元素，而且研究結果對我們當前的教養工作緩不濟急。數據的確清楚告知，一些孩子

（可能是少部分）似乎有社群媒體使用問題的風險。二〇一七年一篇匈牙利的研究指出，大約四．五%的兒童似乎有「不當社群媒體使用」，也就是過度使用社群媒體，並伴隨憂鬱症狀與自尊心低落。[23]

美國一項規模較小的研究顯示，擁有多個社群媒體帳號的孩子，出現焦慮、憂鬱以及「錯失恐懼症」症狀的風險較高。[24]其他研究指出，較高的錯失恐懼症，與較多社群媒體帳號、自尊心低落及其他風險因子有關。[25]

清楚了解這些結果所顯示的意涵與不具備的意涵很重要。具體來說，數據並沒有顯示社群媒體會導致錯失恐懼症、焦慮、憂鬱或自尊心低落。事實上，因果關係指向相反因果的可能性，似乎一樣大，甚至更大。有錯失恐懼症傾向的人，可能會較常使用社群媒體；同樣的，使用網際網路可能是因自尊心低落或憂鬱而有的反應，而不是驅動因子。

所以我們該如何因應呢？

當我指導研究生撰寫論文時，我經常提醒他們我的一位同僚暨導師曾經說過的一句話：「思考是無可取代的」。在從事研究工作時，很容易一頭埋進數據中，製作無數個圖表與表格，以為從中會有什麼突如其來的發現。

如果你是一個喜歡數據的人，那麼關於社群媒體的數據可能會讓你發瘋。為數眾多的論文，說社群媒體是有害的，或說社群媒體是有益的；或者說社群媒體對這類人有好處、對那類人有壞處。**在這個課題上，注意自己孩子的狀況，是無可取代的。**

有些孩子苦於社群媒體之害，有些孩子則沒有這種問題。就像有些人會在飲食、電玩或看電視等事情上遭遇困難一樣，有些人則從中獲益匪淺，會找到他們真正能有所連結，並支持他們度過艱難時光的網際網路社群。思考是無可取代的。

數據告訴我們的重要訊息

- 有些孩子報告說，社群媒體的互動有正向的益處。
- 有些孩子顯然因為使用社群媒體而受害。
- 多數證據顯示沒有影響。
- 但這些證據不是優質證據。
- 思考是無可取代的。

案例應用

擁有手機的恰當年齡

我們回到起點了。你已經讀完了這整本書，現在我終於可以告訴你，擁有手機的恰當年齡了。

事實上，關於手機問題的系統化數據很少。真的沒有數據可以回答這個問題。選擇絕大部分取決於你們家，以及家中想要擁有手機的那個孩子。光用手機一詞來提問，可能不夠好。應該要問是什麼樣的手機呢？手機功能有何限制呢？

了解這點以後，會讓你覺得，應該隨便挑選某個時間點就好，像是當半數同齡孩子擁有手機時（雖然如果大家都這樣做，那顯然沒有人會擁有手機了）。然而缺乏系統性的數據，並不等於無法處理這個問題，而我們的方法可以很好地運用在手機這個例子上。

界定問題

給孩子手機可能有些什麼好處呢？我可以想到三個主要的好處：幫助接送安排（孩子可

以打電話請你去接他們）、安全（你可以追蹤他們的位置、如果有任何問題孩子可以打電話聯絡），以及「社交好處」（這是孩子朋友間互動的方式，他們可以和朋友發送簡訊等）。

可能的成本為何？一個明顯的成本是金錢。手機很昂貴，這是許多人的首要問題。

除了金錢，我還看到兩大考量。第一，你的孩子可能會沉迷於手機（發簡訊、使用應用程式、自拍後再加上兔耳朵濾鏡），以致忽略其他事情。第二，可能的人際問題（網路霸凌、焦慮、錯失恐懼症）。許多人擔心，孩子可能認為手機會讓他們變得更受歡迎、更快樂，但事實可能正好相反。

我在這裡要提出另一個考量，就是購買什麼類型手機的問題。至少在當前技術架構中，手機型態範圍很廣，從最基本機型（孩子可以打電話給家長或緊急服務）到具有各樣繁複功能的高級iPhone。顯然，你需要考慮所有選項。

▲查核事實

我們缺乏好的數據。沒有隨機實驗可以告訴我們十一歲時收到手機的孩子，是否比十三歲時收到手機的孩子更快樂、更成功。所以，我們可以放棄獲得通盤解答的想法。但是我們仍然需要蒐集一些事實，有些證據可能會對你有幫助。

孩子的接送安排

孩子擁有手機對接送安排的價值為何？就一整天的行程詳加思考看看。孩子什麼時候會使用手機？某些活動的接送時間是否有不確定性？孩子是否經常需要在白天和你聯絡？

如果你發現孩子常常因為球隊訓練提前結束，而在寒風中等你，這可能是購買手機的好理由。如果你常常白天接到孩子從學校打來的電話，因為他忘記帶作業、鞋子或夾克，那也可以是買手機的理由（或是更新早上出門前的提醒系統）。相反的，如果你想不出上個月你的孩子需要用手機打電話給你的任何具體事例，這表示擁有手機的好處可能很小。

安全課題

你是否認為手機具有安全價值？價值何在呢？其中一個理由是定位追蹤。大多數的手機可以讓你隨時看到自己孩子的位置，這件事重要嗎？如果你的孩子從學校回家，或在活動與活動之間要步行一段很長的路程，這或許會讓你更安心。有些教養方法會說這是過度監督、過度追蹤，孩子需要擁有適度的自由。但是對另一些家長來說，能看到孩子的所在位置，反而能為孩子提供更多自由。

這是對於你希望採行哪種教養類型，更廣泛對話的一環（請參閱第7章有關「散養教養」的討論）。

另一個安全價值當然是在於，如果出狀況的時候，孩子可以打手機給你。值得再次提醒的是，根據經驗法則，現在的孩子安全更加無虞，但不幸的事件的確會發生，這點應該列入你和孩子的討論中。

沉迷於手機

我把沉迷手機的問題放在這裡，因為至少對我來說，這感覺像是一個家長對使用手機設限的問題。前面提到的證據多數指出，看電視和打電玩的代價是無法參與其他活動，而手機上的應用程式也類似。在手機上小玩一下《糖果傳奇》並無大礙，只是如果去練習數學或許是更善用時間的方式。

所以當你考慮家庭時間管理時，這是另一種需要考慮設限的螢幕類別。我知道有些家庭為此設立各式各樣的規則：手機不能上餐桌、手機不能帶進房間、手機留在玄關充電、禁止使用等等。

為了對家庭成員一視同仁，你可能需要考慮自己使用手機的習慣。換句話說，如果你規定餐桌上不能有手機，這代表你自己也不能使用手機。

而這個決定有部分可能是根據數據而來。再思考一下手機社交互動是否可能讓孩子更快樂或更不快樂的問題。我在前面指出，這在很大程度上取決於你的孩子。想想看你的孩子是否可能受益。

最後決定

有了數據參考，你就可以更放心做決定。沒有正確答案，但你已經善盡準備的職責。誰應該出席決策會議呢？你當然希望讓孩子在適當時機參與這場討論，但是你可能希望在討論前大人先有腹案。可以舉行兩場會議，也可以是分成上下場的會議。在職場上，我自己經常有個會前會，在我們家有時候也是這樣。

在理想的情況下，在這次的會議上，你可以仔細分享你所蒐集的數據。是否有接送安排上的理由讓孩子擁有手機？如果他們真的擁有手機，你對他們使用手機有哪些限制？考慮到孩子所處的整體社會環境，以及孩子的個性，孩子社會需求方面的理由是否充足？

如果你最終判斷，有足夠的接送安排或安全考量上的理由，支持擁有手機，但輿論認為應該避免使用手機，那麼就可以考慮購買最陽春的機型。

如果最後決定是要購買手機，那麼這次會議就是清楚說明手機使用規則或限制的好時機。建議你把這些規則和限制寫下來，建立家庭手機方針（我想建議你使用谷歌文件來記錄）。

此外，會議應該以做成決議與後續計畫做結。如果決定購買手機，那什麼時候要檢討使用情形？屆時你需要考慮的關鍵點是哪些？如果你們的決定是不購買手機，那什麼時候可以重新討論這個議題？六個月後？一年以後？對這個問題的時間表取得共識，有助於家庭和諧。如果你只是說「我們以後再討論」，某位進取人士可能會以為這表示是明天。

▲後續評估

如果你之前決定不給孩子手機，那麼這場後續會議可能和決策會議十分相似。情況有任何變化嗎？有理由改變原先的決定嗎？有利的一面是，這次可能需要蒐集的數據更有限。甚至你可能在先前的決策會議上，設定了某些你可以重新檢視的里程碑或考慮因素。

如果孩子已經擁有手機了，現在就是反省使用情況的時候了。其中一個是有關責任的問題：手機是否遺失或損壞？當我告訴女兒我要撰寫這個章節時，她建議規則應該是，如果你弄壞手機，那要等你年紀更大時才能再度擁有手機。這個建議不無道理。一支手機是一份責任，如果手機每週遺失三次，那也許暫時停用手機會是個好主意。

然而除此以外，家人是否遵守規則呢？手機的使用（無論是社交或非社交用途）是否漸漸成為問題？如果手機的價值在於接送安排上，手機真的有幫助嗎？也許你買的是陽春機型，從未被使用過，卻已經遺失六次，大家已經有點受夠了。

後續問題會有很多可能。但是，如此重大的決定，不應該不予以檢討。

祝你好運！像許多教養的選擇一樣，這不是一個容易的選擇，也沒有正確答案，無法預先洞悉，也不能事後諸葛。

結語

CONCLUSION

二〇二〇年的春假期間，我們家本來要去探望傑西住在紐約的父母，然後開車去賓州和幾位摯友小聚幾天。這趟旅程我們已經計畫好幾個月了。

然後，新冠疫情來襲，我們未能成行。取而代之，我們去了距離我們羅德島的家大約一小時車程的駱馬農場小木屋。孩子在一樓，專心看著《神隱少女》的DVD，我們一直保留這DVD作為救急之用。傑西和我待在樓上的小房間。我坐在床上，他從別的房間搬來一張椅子和小桌子。我們兩人都拿出筆記型電腦。

「來吧，」他說。「讓我們先檢查一下我們在下幾個星期的所有工作會議，看看哪些會議是重要的。再來就可以討論如何妥善安排每天和孩子的行事曆。」

「我想我已經知道自己想怎麼做了，」我回答。「你看到我送出的谷歌文件中所建議的在家上學時間表了嗎？」

「我看了。整體來說，這個時間表看起來不錯，雖然我有一些疑問。不過我認為我們需要先仔細討論過我們工作上的事務。」

「很合理。那你先開始吧。」

幾週前，疫情的危機波及美國。從中國發跡的類感冒疾病，以及不要握手之類的指示，已經迅速演變成居家命令，以及無限期的遠距學習。

不久前我們還過著忙碌但高度規律的生活——學校、小提琴課、研究、教學、寫作。然後幾乎毫無預警地，我們都得待在家裡，別無選擇。傑西和我負起輪流工作與教養子女的責任。我或許頗為不智地接了新的工作，主要是和疫情相關。就和全世界所有的人一樣，我們在同一時間被不間斷的可怕頭條新聞所淹沒。

我們非常幸運，資源充沛，家人健康。但同時，這場經歷促使我們對生活徹底改觀。書中的許多工具確實有幫助。第一個週末的對話相當成功。我們找出了一個良好的共同分擔在家教育的安排。當買菜變得困難，食物選擇比較有限時，先前我曾考慮過的飲食計畫，就派上用場了。

但另一方面，危機也讓我們清楚看見這些工具的侷限。我只能以綿薄之力來維護家人的健康。無論我使用多少谷歌表格，每天的時間有限。有好幾個星期，我得把起床時間從清晨五點提早到四點，好能多出一個小時來工作，一直到傑西質問我，要我思考這樣是否有礙健康。因為潘妮若碧經常提醒我，我常會「失控」。

在疫情剛開始流行的那幾週，日程安排是首要任務。我們要不斷修改自己的計畫，來配合孩子新的在家學習時間表，以及我們自己工作職責上的變化。這些決定感覺上都是突如其來。我們可以將家人的體能課程挪後半小時，以便潘妮若碧可以和同學同步參加「早會」嗎？我們如何處理我每天下午五點到六點得開會的狀況呢？那原本是我準備晚餐的時間。

隨著時間過去，開始慢慢解封，日程的安排緩和下來。然而，這時候，我們發現自己面對無數個新的、出乎意料的重大決定。這些決定沒有令人滿意的答案。我們應該冒著病毒的風險送孩子去夏令營嗎？明知我父親屬於高風險族群，我們應該去探望我的父母嗎？

從某種意義上說，這段期間是本書開頭所討論的教養轉換期的加快版。前一分鐘，你要迅速決定在時間表上做三十分鐘的更動；下一分鐘，你要評估探訪父母與嚴重染病風險之間的得失。

在疫情出現之前我們所使用的工具就在手邊，只需略做調整。儘管很難抉擇，我們利用四個F幫助我們做出這些重大決定。

我們**界定問題**。我們應該現在去探望我的父母，還是另待他時？我們細心找出替代方案。不提出問題就無法回答問題。我們是現在去探訪他們、兩週後再去，還是要等到有疫苗以後？面對疫情，就像大多數情況一樣，界定問題是最困難的部分。

我們**查核事實**。我花了許多時間研究疫情，試圖釐清究竟風險有多大，以及我們如何減低風險。我還做出一個有關疫情風險的網頁，這或許有點小題大做。

出外健行安全嗎？如果我們選擇接待訪客，打開窗戶有助減低風險嗎？如果我們先隔離一段很長的時間，會有幫助嗎？我爸爸（年長，但身體健康）真的有高風險嗎？

我們做出**最後決定**。真的和我父母碰面，先一起去健行，後來去了他們家，有較長時間的相處。相聚時，我們盡量不去多想。

然後我們做了**後續評估**。我們試著從所做的決定中學習，希望在下次有機會做出更好的決定。

這並非易事。這個時期充滿不確定性。當大家似乎都一無所知時，查核事實是一項挑戰。我們被迫做出許多決定，而且清楚知道這些決定可能是不正確的，我們得接受這些決定可能會帶來非常嚴重的後果。

歸根究柢，疫情的經驗與多數教養課題，並沒有太大的差別。我們的恐懼一部分是來自不確定性，面對意外事件並從中摸索是困難所在。

但意外也帶來奇遇。連續幾個月和孩子待在家裡是一種折磨，但也不是沒有和孩子相處的樂趣。我和先生都更加了解孩子。我們有機會了解到自己是多麼幸運，在紛亂的時期，還能擁有如此的選項，還有機會將這點傳達給孩子，尤其是老大。我們還探索了羅德島的每條步道（為數不少喔）。

或許最重要的是，我明白了，雖然良好的時間安排和做決策，幫助我們度過了這個陌生艱鉅的時刻，但是這些並無法讓我擁有掌控權。無論你的企業化家庭的結構多麼完善，意想不到之事還是會發生——也許不是全球性的病毒大流行（誠心祈願），而是小意外。在孩子的每個成長時期，我對教養如何迫使我認識自己根本無法駕馭的事情，感到驚訝。

然而，我們所能希望的，或者至少是我所希望的，是能對自己的選項審慎思考，無論最後做何選擇，當事情過去了，我們知道，自己已經全力以赴了。

致謝

ACKNOWLEDGMENTS

我原本真的十分確定在我上一本書之後，不會再撰寫另一本書了，所以這本書的問世，我還是像以前一樣得向我的經紀人蘇珊・盧克（Suzanne Gluck）與我的編輯金妮・史密斯（Ginny Smith）致上十二萬分的感謝。這本書就像是團隊合作的結晶，而金妮從我各類寫作中費力說服我，成就一本完整的書，感覺就像她慣有的魔力一般。我也要大大感謝企鵝出版集團的團隊，包括凱洛琳・席德尼（Caroline Sydney）、伊莉莎白・卡拉馬利（Elisabeth Calamari）、丹尼兒・普拉斯基（Danielle Plafsky）、麥特・波依德（Matt Boyd）、安・哥德夫（Ann Godoff）、梅根・哥若提（Megan Gerrity）、克里斯多福・金恩（Christopher King）、凱西・格魯若（Cassie Garruzzo）與其他許多人士。

我要感謝我一群傑出的學生，謝謝他們所做的研究與回饋，他們是朵拉・內森斯（Dora Nathans）、布蘭登・阿文達諾（Brandon Avendano）以及麗比・張伯倫（Libby Chamberlin）。凱特琳・裴（Kaitlin Bui）提供出色的整體編輯，以及愛蜜莉亞・彼得斯（Emilia Peters）完成平面設計。

讀者回饋的寶貴價值怎麼強調都不為過，無論是對本書的想法，還是對我上一本書的回應。在短短兩頁的謝詞中，我無法一一感謝給予我指教的每個人。希望你們知道，你透過推特、Instagram和ParentData寫給我的訊息，我都拜讀了，也許你在書中某處可能會看到你自己的身影，或是受到你分享的啟發。我感受到家長社群的共同參與是本書的核心、是本書的動力，而這本書是為你們所寫的。

感謝所有分享你們自己的故事，並對本書提供意見的朋友，謝謝。特別感謝珍・芮森（Jane Risen）、珍娜・羅賓斯（Jenna Robins）、崔夏・派瑞克（Tricia Patrick）、希拉蕊・傅利曼（Hilary Friedman）、海勒・卡魯索（Heather Caruso）、凱蒂・肯齊勒爾（Katie Kinzler）、凱莉・約瑟夫（Kelly Joseph）、南西・齊默爾曼（Nancy Zimmerman）、艾咪・芬可斯坦（Amy Finkelstein）、班・歐而肯（Ben Olken）以及艾力克斯・摩爾斯（Alix Morse）。

這是一本關於孩子就學時期的書，我的孩子很幸運能在摩西布朗（Moses Brown）學習。我們非常感謝與老師的夥伴關係，也感謝學校。我要特別感謝瑪爾提（Marti）的統御能力，同時也要感謝他和我討論本書中的許多議題。

從某種意義上來說，所有鼓勵我寫《好好懷孕》與《兒童床邊的經濟學家》的人，在這裡也值得致謝。包括茱蒂・謝瓦利爾（Judy Chevalier）、安娜・艾澤爾（Anna Aizer）、大衛・外爾（David Weil）、麥特・諾托維迪格多（Matt Notowidigdo）、大衛・那斯鮑姆

（Dave Nussbaum）、南西・羅斯（Nancy Rose）、艾咪・芬可斯坦、安德烈・史萊佛（Andrei Shleifer）、the More Dudes、麥特・基恩茨科夫（Matt Gentzkow）、海蒂・威廉斯（Heidi Williams），以及蘿拉・惠瑞（Laura Wheery）。

最後，我要感謝我的家人。夏皮洛家族：喬伊斯（Joyce）、阿爾文（Arvin）、艾蜜麗（Emily）、特倫斯（Terence）和萊拉（Leila）。菲爾（Fair）家族與奧斯特家族：史蒂夫（Steve）、莉百加（Rebecca）、約翰（John）、安德利亞（Andrea）、詹姆斯（James）、艾彌莉（Emily）、馬修（Matthew）、康納（Connor）、瑪雅（Maya）和馬科斯（Marcus）。還有爸爸和媽媽，你們所給予我的一切，言語難以盡數。在探索這個更複雜的教養階段時，我很幸運有你們所給予我們的根基。

潘妮若碧：隨著你的成長，能更加認識你真是喜樂。我不敢相信自己有此榮幸做你的媽媽。謝謝你幫助我理清我的問題。我愛你。

芬恩：你是最棒的小人兒。謝謝你幫助我明白，早餐吃肉丸也不錯。謝謝你為我帶來無數歡樂。我愛你。

傑西：我真的不知道該說什麼。我只覺得自己很幸運能成為你的妻子。謝謝你對我所有瘋狂想法的支持，謝謝你是一位很棒的爸爸，謝謝你喜歡我做的料理（撇開二〇二〇年糟透了的香腸卷），也謝謝你一直是那位我在晚上九點想要交談的對象。我愛你。

建構大局

家庭使命宣言

你們家的主要目標是什麼？

孩子的優先事項

01

02

03

我的優先事項

01

02

03

建構大局

週間的優先事項

01

02

03

週末的優先事項

01

02

03

下一步驟：日程表！

這個步驟涉及查看週間與週末的行事曆，並且把活動填寫到日程表上面。讓我們説明一下細節，例如如果你們在事項 1 同意多數晚上家人要一起用餐，你需要弄清楚晚餐如何準備（以及由誰烹調）。

制定日程表

	名字	名字	名字
6 AM			
7 AM			
8 AM			
9 AM			
10 AM			
11 AM			
12 PM			
1 PM			
2 PM			
3 PM			
4 PM			
5 PM			
6 PM			
7 PM			
8 PM			
9 PM			
10 PM			
11 PM			
12 AM			
1-6 AM			

制定家庭飲食方針

餐　食	時　間	地　點	飲食規則
第一餐			
第二餐			
第三餐			
第四餐			
第五餐			
第六餐			

禁忌食物	偶爾允許的食物

制定就寢常規

	名字		名字		名字	
步　驟	時間	說　明	時間	說　明	時間	說　明
步驟一						
步驟二						
步驟三						
步驟四						
步驟五						
步驟六						
步驟七						
步驟八						
步驟九						
步驟十						

設立孩子權責

	名字	名字	名字
任務一			
任務二			
任務三			
任務四			
任務五			
任務六			
任務七			
任務八			
任務九			
任務十			

分配家庭活動

任　務	負責人

注釋

案例應用：
延遲入學、提早入學、入學年齡

1. Spira, Greg. "The Boys of Late Summer: Why Do So Man Pro Baseball Players Have August Birthdays?" *Slate*, April 16, 2008.
2. Deming, David, and Susan Dynarski. "The Lengthening of Childhood." *Journal of Economic Perspectives* 22, no. 3 (2008): 71–92.
3. Bassok, Daphna, and Sean F. Reardon. "'Academic Redshirting' in Kinder- garten: Prevalence, Patterns, and Implications." *Educational Evaluation and Policy Analysis* 35, no. 3 (2013): 283–97.
4. Angrist, Joshua D., and Alan B. Keueger. "Does Compulsory School At- tendance Affect Schooling and Earnings?" *Quarterly Journal of Economics* 106, no. 4 (1991): 979–1014.
5. Black, Sandra E., Paul J. Devereux, and Kjell G. Salvanes. "Too Young to Leave the Nest? The Effects of School Starting Age." *Review of Economics and Statistics* 93, no. 2 (2011): 455–67.
6. Ibid.
7. Dougan, Kelli, and John Pijanowski. "The Effects of Academic Redshirt- ing and Relative Age on Student Achievement." *International Journal of Ed- ucational Leadership Preparation* 6, no. 2 (2011): n2; Elder, Todd E., and Darren H. Lubotsky. "Kindergarten Entrance Age and Children's Achieve- ment: Impacts of State Policies, Family Background, and Peers." *Journal of Human Resources* 44, no. 3 (2009): 641–83; Martin, Roy P., et al. "Season of Birth Is Related to Child Retention Rates, Achievement, and Rate of Diag- nosis of Specific LD." *Journal of Learning Disabilities* 37, no. 4 (2004): 307–17.
8. Elder and Lubotsky. "Kindergarten Entrance Age and Children's Achievement: Impacts of State Policies, Family Background, and Peers." 641–83.
9. Ibid.
10. Martin et al. "Season of Birth Is Related to Child Retention Rates, Achievement, and Rate of Diagnosis of Specific LD." 307–17.
11. Mühlenweg, Andrea, et al. "Effects of Age at School Entry

(ASE) on the Development of Non-cognitive Skills: Evidence from Psychometric Data." *Economics of Education Review* 31, no. 3 (2012): 68–76.

04 睡眠

1. Durmer, Jeffrey S., and David F. Dinges. "Neurocognitive Consequences of Sleep Deprivation." *Seminars in Neurology* 25, no. 1.
2. Hirshkowitz, Max, et al. "National Sleep Foundation's Sleep Time Duration Recommendations: Methodology and Results Summary." *Sleep Health* 1, no. 1 (2015): 40–43.
3. Wolfson, Amy R., and Mary A. Carskadon. "Sleep Schedules and Daytime Functioning in Adolescents." *Child Development* 69, no. 4 (1998): 875–87.
4. Dewald, Julia F., et al. "The Influence of Sleep Quality, Sleep Duration and Sleepiness on School Performance in Children and Adolescents: A Meta-analytic Review." *Sleep Medicine Reviews* 14, no. 3 (2010): 179–89.
5. Shin, Chol, et al. "Sleep Habits, Excessive Daytime Sleepiness and School Performance in High School Students." *Psychiatry and Clinical Neurosciences* 57, no. 4 (2003): 451–53.
6. Sadeh, Avi, Reut Gruber, and Amiram Raviv. "Sleep, Neurobehavioral Functioning, and Behavior Problems in School-Age Children." *Child Development* 73, no. 2 (2002): 405–17.
7. Pilcher, June J., and Amy S. Walters. "How Sleep Deprivation Affects Psy- chological Variables Related to College Students' Cognitive Performance." *Journal of American College Health* 46, no. 3 (1997): 121–26.
8. Vriend, Jennifer L., et al. "Manipulating Sleep Duration Alters Emotional Functioning and Cognitive Performance in Children." *Journal of Pediatric Psychology* 38, no. 10 (2013): 1058–69.
9. Sadeh, Avi, Reut Gruber, and Amiram Raviv. "The Effects of Sleep Restriction and Extension on School-age Children: What a Difference an Hour Makes." *Child Development* 74, no. 2 (2003): 444–55.
10. Gruber, Reut, et al. "School-based Sleep Education Program Improves Sleep and Academic Performance of School-age Children." *Sleep Medicine* 21 (2016): 93–100.
11. Lewin, Daniel S., et al. "Variable School Start Times and Middle School Student's Sleep Health and Academic Performance." *Journal of Adolescent Health* 61, no. 2 (2017): 205–11.
12. Bowers, Jennifer M., and Anne Moyer. "Effects of School

Start Time on Students' Sleep Duration, Daytime Sleepiness, and A tendance: A Meta-analysis." *Sleep Health* 3, no. 6 (2017): 423–31.

13. Owens, Judith A., Katherine Belon, and Patricia Moss. "Impact of Delaying School Start Time on Adolescent Sleep, Mood, and Behavior." *Archives of Pediatrics & Adolescent Medicine* 164, no. 7 (2010): 608–14.
14. Ibid.
15. Vorona, Robert Daniel, et al. "Dissimilar Teen Crash Rates in Two Neighboring Southeastern Virginia Cities with Different High School Start Times." *Journal of Clinical Sleep Medicine* 7, no. 2 (2011): 145–51.
16. Lufi, Dubi, Orna Tzischinsky, and Stav Hadar. "Delaying School Starting Time by One Hour: Some Effects on Attention Levels in Adolescents." *Journal of Clinical Sleep Medicine* 15, no. 7 (2011): 183.
17. Hirshkowitz, Max, et al. "National Sleep Foundation's Sleep Time Duration Recommendations: Methodology and Results Summary." *Sleep Health* 1, no. 1 (2015): 40–43.
18. Spruyt, Karen, Dennis L. Molfese, and David Gozal. "Sleep Duration, Sleep Regularity, Body Weight, and Metabolic Homeostasis in School-aged Children." *Pediatrics* 127, no. 2 (2011): e345–52.
19. Matricciani, Lisa, Timothy Olds, and John Petkov. "In Search of Lost Sleep: Secular Trends in the Sleep Time of School-aged Children and Adolescents." *Sleep Medicine Reviews* 16, no. 3 (2012): 203–11.

05 家長就業

1. An example paper here is Baum, Charles L. "The Long-term Effects of Early and Recent Maternal Employment on a Child's Academic Achievement." *Journal of Family Issues* 25, no. 1 (2004): 29–60.
2. Goldberg, Wendy A., et al. "Maternal Employment and Children's Achievement in Context: A Meta-analysis of Four Decades of Research." *Psychological Bulletin* 134, no. 1 (2008): 77.
3. Ruhm, Christopher J. "Maternal Employment and Adolescent Development." *Labour Economics* 15, no. 5 (2008): 958–83.
4. Morrissey, Taryn W., Rachel E. Dunifon, and Ariel Kalil. "Maternal Employment, Work Schedules, and Children's Body Mass Index." *Child Development* 82, no. 1 (2011): 66–81; Ruhm. "Maternal Em loyment and Adolescent Development." 958–83.
5. Ruhm. "Maternal Employment and Adolescent

Development." 958–83.
6. Datar, Ashlesha, Nancy Nicosia, and Victoria Shier. "Maternal Work and Children's Diet, Activity, and Obesity." *Social Science & Medicine* 107 (2014): 196–204.
7. Morrissey, Dunifon, and Kalil. "Mate nal Employment, Work Schedules, and Children's Body Mass Index." 66–81.
8. Hsin, Amy, and Christina Felfe. "When Does Time Matter? Maternal Employment, Children's Time with Parents, and Child Development." *Demography* 51, no. 5 (2014): 1867–94.
9. Namingit, Sheryll, William Blankenau, and Benjamin Schwab. "Sick and Tell: A Field Experiment Analyzing the Effects of an Illness-related Employment Gap on the Callback Rate." Working Paper (2017).
10. Bertrand, Marianne. "Career, Family, and the Well-being of College-Educated Women." *American Economic Review* 103, no. 3 (2013): 244–50.

06 營養

1. Oster, Emily. "Health Recommendations and Selection in Health Behaviors." *American Economic Review: Insights* (2019).
2. Wadhera, Devina, et al. "Perceived Recollection of Frequent Exposure to Foods in Childhood Is Associated with Adulthood Liking." *Appetite* 89 (2015): 22–32.
3. Rose, Chelsea M., Leann L. Birch, and Jennifer S. Savage. "Dietary Patterns in Infancy Are Associated with Child Diet and Weight Outcomes at 6 Years." *International Journal of Obesity* 41, no. 5 (2017): 783–88.
4. Kelder, Steven H., et al. "Longitudinal Tracking of Adolescent Smoking, Physical Activity, and Food Choice Behaviors." *American Journal of Public Health* 84, no. 7 (1994): 1121–26.
5. Rollins, Brandi Y., Eric Loken, and Leann L. Birch. "Stability and Change in Snack Food Likes and Dislikes from 5 to 11 Years." *Appetite* 55, no. 2 (2010): 371–73.
6. Mennella, Julie A., and Jillian C. Trabulsi. "Complementary Foods and Flavor Experiences: Setting the Foundation." *Annals of Nutrition and Metabolism* 60, suppl. 2 (2012): 40–50.
7. Ventura, Alison K., and John Worobey. "Early Influences on the Development of Food Preferences." *Current Biology* 23, no. 9 (2013): R401–8.
8. Atkin, David. "The Caloric Costs of Culture: Evidence from Indian Migrants." *American Economic Review* 106, no. 4 (2016): 1144–81.

9. Bronnenberg, Bart J., Jean-Pierre H. Dubé, and M tthew Gentzkow. "The Evolution of Brand Preferences: Evidence from Consumer Migration." *American Economic Review* 102, no. 6 (2012): 2472–508.

10. Anzman-Frasca, Stephanie, et al. "Repeated Exposure and Associative Conditioning Promote Preschool Children's Liking of Vegetables." *Appetite* 58, no. 2 (2012): 543–53.

11. Wadhera, Devina, Elizabeth D. Capaldi Phillips, and Lynn M. Wilkie. "Teaching Children to Like and Eat Vegetables." *Appetite* 93 (2015): 75–84.

12. Johnston, Craig A., et al. "Increasing Vegetable Intake in Mexican-American Youth: A Randomized Controlled Trial." *Journal of the American Dietetic Association* 111, no. 5 (2011): 716–20.

13. Capaldi-Phillips, Elizabeth D., and Devina Wadhera. "Associative Conditioning Can Increase Liking for and Consumption of Brussels Sprouts in Children Aged 3 to 5 Years." *Journal of the Academy of Nutrition and Dietetics* 114, no. 8 (2014): 1236–41.

14. Savage, Jennifer S., et al. "Serving Smaller Age-appropriate Entree Portions to Children Aged 3–5 y Increases Fruit and Vegetable Intake and Reduces Energy Density and Energy Intake at Lunch." *American Journal of Clinical Nutrition* 95, no. 2 (2012): 335–41.

15. Newman, Joan, and Alan Taylor. "Effect of a Means-end Contingency on Young Children's Food Preferences." *Journal of Experimental Child Psychology* 53, no. 2 (1992): 200–16.

16. Fisher, Jennifer Orlet, and Leann Lipps Birch. "Restricting Access to Palatable Foods Affects Children's Behavioral Response, Food Selection, and Intake." *American Journal of Clinical Nutrition* 69, no. 6 (1999): 1264–72.

17. Fulkerson, Jayne A., et al. "Family Dinner Meal Frequency and Adolescent Development: Relationships with Developmental Assets and High-risk Behaviors." *Journal of Adolescent Health* 39, no. 3 (2006): 337–45.

18. Harrison, Megan E., et al. "Systematic Review of the Effects of Family Meal Frequency on Psychosocial Outcomes in Youth." *Canadian Family Physician* 61, no. 2 (2015): e96–e106; Eisenberg, Marla E., et al. "Correlations Between Family Meals and Psychosocial Well-being Among Adolescents." *Archives of Pediatrics & Adolescent Medicine* 158, no. 8 (2004): 792–96.

19. Fulkerson, Jayne A., et al. "Family Home Food Environment and Nutrition-Related Parent and Child Personal and Behavioral Outcomes of the Healthy Home

Offerings via the Mealtime Environment (HOME) Plus Program: A Randomized Controlled Trial." *Journal of the Academy of Nutrition and Di- etetics* 118, no. 2 (2018): 240–51.

20. Fulkerson, Jayne A., et al. "Promoting Healthful Family Meals to Prevent Obesity: HOME Plus, A Randomized Controlled Trial." *International Journal of Behavioral Nutrition and Physical Activity* 12, no. 1 (2015): 154; Fulkerson, Jayne A., et al. "Family Home Food Environment and Nutrition-Related Parent and Child Personal and Behavioral Outcomes of the Healthy Home Offerings via the Mealtime Environment (HOME) Plus Program: A Randomized Controlled Trial." *Journal of the Academy of Nutrition and Dietetics* 118, no. 2 (2018): 240–51.

07 教養風格

1. Skenazy, Lenore. *Free-Range Kids: Giving Our Children the Freedom We Had Without Going Nuts with Worry.* New York: John Wiley & Sons, 2009.
2. See, for example, Skenazy. *Free-Range Kids*; Lukianoff, Greg, and Jonathan Haidt. *The Coddling of the American Mind: How Good Intentions and Bad Ideas Are Setting Up a Generation for Failure.* New York: Penguin Books, 2019; Tough, Paul. *How Children Succeed: Grit, Curiosity, and the Hidden Power of Character.* New York: Houghton Mifflin Harcourt, 2012; Lythcott-Haims, Julie. *How to Raise an Adult: Break Free of the Overparenting Trap and Prepare Your Kid for Success.* New York: Henry Holt and Company, 2015.
3. Hewison, Jenny, and Jack Tizard. "Parental Involvement and Reading Attainment." *British Journal of Educational Psychology* 50, no. 3 (1980): 209–15.
4. Sylva, Kathy, et al. "Training Parents to Help Their Children Read: A Randomized Control Trial." *British Journal of Educational Psychology* 78, no. 3 (2008): 435–55.
5. Fehrmann, Paul G., Timothy Z. Keith, and Matthew M. Reimers. "Home Influence on School Learning: Direct and Indirect Effects of Parental Involvement on High School Grades." *Journal of Educational Research* 80, no. 6 (1987): 330–37.
6. Wilder, Sandra. "Effects of Parental Involvement on Academic Achievement: A Meta-synthesis." *Educational Review* 66, no. 3 (2014): 377–97; Hill, Nancy E., and Diana F. Tyson. "Parental Involvement in Middle School: A Meta-

analytic Assessment of the Strategies that Promote Achievement." *Developmental Psychology* 45, no. 3 (2009): 740.

7. Stanton, Bonita F., et al. "Parental Underestimates of Adolescent Risk Behavior: A Randomized, Controlled Trial of a Parental Monitoring Intervention." *Journal of Adolescent Healt* 26, no. 1 (2000): 18–26.
8. van Ingen, Daniel J., et al. "Helicopter Parenting: The Effect of an Overbearing Caregiving Style on Peer Attachment and Self-efficacy." *Journal of College Counseling* 18, no. 1 (2015): 7–20.
9. LeMoyne, Terri, and Tom Buchanan. "Does 'Hovering' Matter? Helicopter Parenting and Its Effect on Well-being." *Sociological Spectrum* 31, no. 4 (2011): 399–418.
10. Schiffrin, Holly H., et al. "Helping or Hovering? The Effects of Helicopter Parenting on College Students' Well-being." *Journal of Child and Family Studies* 23, no. 3 (2014): 548–57.
11. Nelson, Larry J., Laura M. Padilla-Walker, and Matthew G. Nielson. "Is Hovering Smothering or Loving? An Examination of Parental Warmth as a Moderator of Relations Between Helicopter Parenting and Emerging Adults' Indices of Adjustment." *Emerging Adulthood* 3, no. 4 (2015): 282–85.
12. Lythcott-Haims. *How to Raise an Adult.*

08 學校

1. This example and data is drawn from: Angrist, Joshua D., et al. "Inputs and Impacts in Charter Schools: KIPP Lynn." *American Economic Review* 100, no. 2 (2010): 239–43.
2. Chabrier, Julia, Sarah Cohodes, and Philip Oreopoulos. "What Can We Learn from Charter School Lotteries?" *Journal of Economic Perspectives* 30, no. 3 (2016): 57–84.
3. Ibid.
4. Howell, William G., et al. "School Vouchers and Academic Performance: Results from Three Randomized Field Trials." *Journal of Policy Analysis and Management* 21, no. 2 (2002): 191–217.
5. Rouse, Cecilia Elena. "Private School Vouchers and Student Achievement: An Evaluation of the Milwaukee Parental Choice Program." *Quarterly Journal of Economics* 113, no. 2 (1998): 553–602.
6. Abdulkadiro lu, Atila, Parag A. Pathak, and Christopher R. Walters. "Free to Choose: Can School Choice Reduce Student Achievement?" *American Economic Journal: Applied Economics* 10, no. 1 (2018): 175–206.

Educational Research 76, no. 1 (2006): 1–62.

7. Chetty, Raj, et al. "How Does Your Kindergarten Classroom Affect Your Earnings? Evidence from Project STAR." NBER Working Paper No. 16381. *National Bureau of Economic Research* (2010).
8. Chetty, Raj, John N. Friedman, and Jonah E. Rockoff. "Measuring the Impacts of Teachers II: Teacher Value-added and Student Outcomes in Adulthood." *American Economic Review* 104, no. 9 (2014): 2633–79.
9. Chetty, Raj, et al. "How Does Your Kindergarten Classroom Affect Your Earnings?"; Krueger, Alan B. "Experimental Estimates of Education Production Functions." *Quarterly Journal of Economics* 114, no. 2 (1999): 497–532; Angrist, Joshua D., and Victor Lavy. "Using Maimonides' Rule to Estimate the Effect of Class Size on Scholastic Achievement." *Quarterly Journal of Economics* 114, no. 2 (1999): 533–75.
10. Dobbie, Will, and Roland G. Fryer Jr. "Getting Beneath the Veil of Effective Schools: Evidence from New York City." *American Economic Journal: Applied Economics* 5, no. 4 (2013): 28–60.
11. Cooper, Harris, Jorgianne Civey Robinson, and Erika A. Patall. "Does Homework Improve Academic Achievement? A Synthesis of Research, 1987–2003." *Review of Educational Research* 76, no. 1 (2006): 1–62.
12. Otterman, Sharon. "At $145 a Session, Tips for the Admissions Test . . . to Kindergarten." *New York Times*, November 20, 2009.
13. Townsend, Andrea. "A Teacher's Defense of Homework." *Atlantic*, September 25, 2013.
14. Kohn, Alfie. *The Homework Myth: Why Our Kids Get Too Much of a Bad Thing*. Cambridge, MA: Perseus Books Group, 2006.
15. Cooper, Civey Robinson, and Patall. "Does Homework Improve Academic Achievement?" 1–62.
16. Foyle, H. *Homework and Cooperative Learning: A Classroom Field Experiment*. Emporia, KS: Emporia State University, Faculty Research and Creativity Committee, 1990. (ERIC Document No. ED350285).
17. Cooper, Civey Robinson, and Patall. "Does Homework Improve Academic Achievement?" 1–62; Trautwein, Ulrich, and Olaf Köller. "The Relationship Between Homework and Achievement—Still Much of a Mystery." *Educational Psychology Review* 15, no. 2 (2003): 115–145.
18. Cooper, Civey Robinson, and Patall. "Does Homework Improve Academic Achievement?" 1–62.
19. Kim, Sunwoong, and Ju-Ho Lee. "Private Tutoring and

Demand for Education in South Korea." *Economic Development and Cultural Change* 58, no. 2 (2010): 259–96.

20. Some authors connect the focus on this type of tutoring to Confucian cultural traditions that value effort and learning, and it seems that the focus on these activities has increased since the 1980s. See, for example, Bray, Mark. "Shadow Education: Comparative Perspectives on the Expansion and Implications of Private Supplementary Tutoring." *Procedia-Social and Behavioral Sciences* 77 (2013): 412–20.
21. Ireson, Judith. "Private Tutoring: How Prevalent and Effective Is It?" *London Review of Education* 2, n . 2 (2004): 109–22.
22. Mischo, Christoph, and Ludwig Haag. "Expansion and Effectiveness of Private Tutoring." *European Journal of Psychology of Education* 17, no. 3 (2002): 263–73.
23. See, for example: Begum, Jamila. "Experimental Study to Determine the Effectiveness of Kumon Method in Comparison with Traditional Lecture Method for Teaching of Mathematics to Grade-5." Diss. Islamabad, Pakistan: Foundation University, 2018; Would, Jenna. "The Relationship Between Kumon and Achievement in Mathematics." Diss. Lethbridge, Alberta, Canada: University of Lethbridge, Faculty of Education, 2010; McKenna, Michele A., Patricia L. Hollingsworth, and Laura Barnes. "Developing Latent Mathematics Abilities in Economically Disadvantaged Students." *Roeper Review* 27, no. 4 (2005): 222–27.
24. Lee, Jaekyung. "Two Worlds of Private Tutoring: The Prevalence and Causes of After-school Mathematics Tutoring in Korea and the United States." *Teachers College Record* 109, no. 5 (2007): 1207–34; Kim, Sun-woong, and Ju-Ho Lee. "Private Tutoring and Demand for Education in South Korea." *Economic Development and Cultural Change* 58, no. 2 (2010): 259–96.
25. Nishio, Masako. "Use of Private Supplementary Instruction (Private Tutoring) by United States High School Students: Its Use and Academic Consequences." Diss. University of Maryland, College Park, 2007.
26. 如果你有興趣更深入研究，我強烈推薦《大腦與閱讀》（*Reading in the Brain*）（信誼基金出版社，2012）。
27. This section relies on: Dehaene, Stanislas. *Reading in the Brain: The New Science of How We Read*. New York: Penguin Books, 2009.
28. A common early cite for this is Kenneth Goodman in 1967: Goodman, Kenneth S. "Reading: A Psycholinguistic

Guessing Game." *Making Sense of Learners Making Sense of Written Language*. London: Routledge, 2014, 115–24.

29. Yoncheva, Yuliya N., Jessica Wise, and Bruce McCandliss. "Hemispheric Specialization for Visual Words Is Shaped by Attention to Sublexical Units During Initial Learning." *Brain and Language* 145 (2015): 23–33.
30. National Reading Panel (US) et al. "Report of the National Reading Panel: Teaching Children to Read: An Evidence based Assessment of the Scientific Research Literature on Reading and Its Implications for Reading Instruction: Reports of the Subgroups." National Institute of Child Health and Human Development, National Institutes of Health, 2000.
31. Lemann, Nicholas. "The Reading Wars." *Atlantic*, November 1997.
32. Willingham, Daniel T. *Raising Kids Who Read: What Parents and Teachers Can Do*. New York: John Wiley & Sons, 2015.
33. Neuman, Susan B., et al. "Can Babies Learn to Read? A Randomized Trial of Baby Media." *Journal of Educational Psychology* 106, no. 3 (2014): 815.
34. Dehaene. *Reading in the Brain*.
35. The data for this table is drawn directly from their manual (Table 3.7): Tourangeau, Karen, et al. "Early Childhood Longitudinal Study, Kindergarten Class of 1998–99 (ECLS-K): Combined User's Manual for the ECLS-K Eighth-Grade and K-8 Full Sample Data Files and Electronic Codebooks. NCES 2009-004." *National Center for Education Statistics* (2009).
36. Schneider, Wolfgang, Joachim Körkel, and Franz E. Weinert. "Domain-Specific Knowledge and Memory Performance: A Comparison of High- and Low-aptitude Children." *Journal of Educational Psychology* 81, no. 3 (1989): 306.
37. Jones, Troy, and Carol Brown. "Reading Engagement: A Comparison Between E-books and Traditional Print Books in an Elementary Classroom." *International Journal of Instruction* 4, no. 2 (2011).
38. E.g., Buzard, Barbara, et al. "Motivating the Reluctant Reader." (2001); Taylor, Rosemarye. "Creating a System That Gets Results for Older, Reluctant Readers." *Phi Delta Kappan* 84, no. 1 (2002): 85–87.
39. Schmidt, Pauline Skowron. "Carpe Librum: Seize the (YA) Book." *English Journal* 103, no. 3 (2014): 115; Carter, James Bucky. "Transforming English with Graphic Novels: Moving Toward Our 'Optimus Prime.'" *English Journal*

97, no. 2 (2007): 49–53; Snowball, Clare. "Teenage Reluctant Readers and Graphic Novels." *Young Adult Library Services* 3, no. 4 (2005): 43–45.
40. Neumann, Michelle M. "Using Tablets and Apps to Enhance Emergent Literacy Skills in Young Children." *Early Childhood Research Quarterly* 42 (2018): 239–46.
41. Slavin, Robert E., et al. "Effective Programs for Struggling Readers: A Best-Evidence Synthesis." *Educational Research Review* 6, no. 1 (2011): 1–26.
42. Ibid.; Chambers, Bette, et al. "Small-Group, Computer-Assisted Tutoring to Improve Reading Outcomes for Struggling First and Second Graders." *Elementary School Journal* 111, no. 4 (2011): 625–40.
43. During the COVID-19 pandemic, app- and computer-based learning took over many households. We may have to wait a few years, or decades, to learn more about the precise impacts of that. Suffice to say the initial evidence did not suggest remote learning was much of a substitute for in-person.
44. Long, Deanna, and Susan Szabo. "E-readers and the Effects on Students' Reading Motivation, Attitude and Comprehension During Guided Reading." *Cogent Education* 3, no. 1 (2016): 1197818; Jones and Brown. "Reading Engagement"; Reich, Stephanie M., Joanna C. Yau, and Mark Warschauer. "Tablet-Based Ebooks for Young Children: What Does the Research Say?" *Journal of Developmental & Behavioral Pediatrics* 37, no. 7 (2016): 585–91.
45. Jones and B own. "Reading Engagement."
46. De Boer, Marissa. "The Effects of Teacher Read Audiobooks on Kindergarten Students' Motivation and Desire to Read at Choice Time." Master's Thesis. Orange City, IA: Northwestern College (2018).
47. Noland, Liz. "Why Listening Is Good for All Kids—Especially in the Digital Age." *AudioFile*, 2011, 13–15.

09 課外活動

1. Stieg, Cory. "Chess Grandmasters Can Lose 10 Pounds and Burn 6,000 Calories Just by Sitting." CNBC, September 22, 2019.
2. Hales, Craig M., et al. "Prevalence of Obesity Among Adults and Youth: United States, 2015–2016." *NCHS Data Brief*, no. 288 (2017).
3. "Calories Burned During Soccer Calculator." Captain Calculator, November 16, 2019.
4. Elkins, Whitney L., et al. "After School Activities,

Overweight, and Obesity Among Inner-city Youth." *Journal of Adolescence* 27, no. 2 (2004): 181–89.

5. Nelson, Toben F., et al. "Do Youth Sports Prevent Pediatric Obesity? A Systematic Review and Commentary." *Current Sports Medicine Reports* 10, no. 6 (2011): 360.

6. Kriemler, Susi, et al. "Effect of School-based Physical Activity Programme (KISS) on Fitness and Adiposity in Primary Schoolchildren: Cluster Randomised Controlled Trial." *BMJ* 340 (2010): c785.

7. Cawley, John, David Frisvold, and Chad Meyerhoefer. "The Impact of Physical Education on Obesity Among Elementary School Children." *Journal of Health Economics* 32, no. 4 (2013): 743–55.

8. Nelson, et al. "Do Youth Sports Prevent Pediatric Obesity?" 360.

9. Meyer, Ursina, et al. "Long-term Effect of a School-based Physical Activity Program (KISS) on Fitness and Adiposity in Children: A Cluster-Randomized Controlled Trial." *PLOS One* 9, no. 2 (2014).

10. Lee, Jung Eun, Zachary Pope, and Zan Gao. "The Role of Youth Sports in Promoting Children's Physical Activity and Preventing Pediatric Obesity: A Systematic Review." *Behavioral Medicine* 44, no. 1 (2018): 62–76.

11. Kjønniksen, Lise, Nils Anderssen, and Bente Wold. "Organized Youth Sport as a Predicto of Physical Activity in Adulthood." *Scandinavian Journal of Medicine & Science in Sports* 19, no. 5 (2009): 646–54.

12. Ritter, Meredith, and Kathryn Graff Low. "Effects of Dance/Movement Therapy: A Meta-analysis." *The Arts in Psychotherapy* 23, no. 3 (1996): 249–60.

13. Adirim, Terry A., and Tina L. Cheng. "Overview of Injuries in the Young Athlete." *Sports Medicine* 33, no. 1 (2003): 75–81; Merkel, Donna L. "Youth Sport: Positive and Negative Impact on Young Athletes." *Open Access Journal of Sports Medicine* 4 (2013): 151.

14. Scheer, Volker, and Martin D. Hoffman. "Should Children Be Running Ultramarathons?" *Current Sports Medicine Reports* 17, no. 9 (2018): 282–83.

15. Rauscher, Frances H., Gordon L. Shaw, and Catherine N. Ky. "Music and Spatial Task Performance." *Nature* 365, no. 6447 (1993): 611.

16. Chabris, C. "Prelude or Requiem for the 'Mozart Effect'?" *Nature* 400 (1999): 825–27.

17. Demorest, Steven M., and Steven J. Morrison. "Does Music Make You Smarter?" *Music Educators Journal* 87, no. 2 (2000): 33–58.

18. Woodard, Bill. "KU Research Establishes Link Between Music Education, Academic Achievement." University of Kansas (2014).
19. Hodges, Donald A., and Debra S. O'Connell. "The Impact of Music Education on Academic Achievement." University of North Carolina at Greensboro (2005): 2010.
20. Schwenkreis, Peter, et al. "Assessment of Sensorimotor Cortical Representation Asymmetries and Motor Skills in Violin Players." *European Journal of Neuroscience* 26, no. 11 (2007): 3291–302.
21. Schwab, Nicole, and Lili-Naz Hazrati. "Assessing the Limitations and Biases in the Current Understanding of Chronic Traumatic Encephalopathy." *Journal of Alzheimer's Disease* 64, no. 4 (2018): 1067–76.
22. Daneshvar, Daniel H., et al. "Long-term Consequences: Effects on Normal Development Profile After Concussion." *Physical Medicine and Rehabilitation Clinics* 22, no. 4 (2011): 683–700.
23. McAllister, Matthew, and Michael McCrea. "Long-term Cognitive and Neuropsychiatric Consequences of Repetitive Concussion and Head-Impact Exposure." *Journal of Athletic Training* 52, no. 3 (2017): 309–17.
24. McKee, Ann C., et al. "The Spectrum of Disease in Chronic Traumatic Encephalopathy." *Brain* 136, no. 1 (2013): 43–64.
25. Alosco, M. L., et al. "Age of First Exposure to American Football and Long-term Neuropsychiatric and Cognitive Outcomes." *Translational Psychiatry* 7, no. 9 (2017): e1236.
26. Schallmo, Michael S., Joseph A. Weiner, and Wellington K. Hsu. "Sport and Sex-Specific Reporting Trends in the Epidemiology of Concussions Sustained by High School Athletes." *Journal of Bone and Joint Surgery* 99, no. 15 (2017): 1314–20.
27. Fair, Ray C., and Christopher Champa. "Estimated Costs of Contact in College and High School Male Sports." *Journal of Sports Economics* 20, no. 5 (2019): 690–717.
28. Spiotta, Alejandro M., Adam J. Bartsch, and Edward C. Benzel. "Heading in Soccer: Dangerous Play?" *Neurosurgery* 70, no. 1 (2012): 1–11.
29. Mackay, Daniel F., et al. "Neurodegenerative Disease Mortality Among Former Professional Soccer Players." *New England Journal of Medicine* 381 (2019): 1801–8.
30. Tarnutzer, Alexander A., et al. "Persistent Effects of Playing Football and Associated (Subconcussive) Head Trauma on Brain Structure and Function: A Systematic Review of the

Literature." *British Journal of Sports Medi- cine* 51, no. 22 (2017): 1592–604.
31. Baumeister, Roy F., and Mark R. Leary. "The Need to Belong: Desire for Interpersonal Attachments as a Fundamental Human Motivation." *Psychological Bulletin* 117, no. 3 (1995): 497.
32. Eccles, Jacquelynne S., et al. "Extracurricular Activities and Adolescent Development." *Journal of Social Issues* 59, no. 4 (2003): 865–89.
33. Farb, Amy Feldman, and Jennifer L. Matjasko. "Recent Advances in Research on School-based Extracurricular Activities and Adolescent Development." *Developmental Review* 32, no. 1 (2012): 1–48.
34. Mahoney, Joseph L., Angel L. Harris, and Jacquelynne S. Eccles. "Organized Activity Participation, Positive Youth Development, and the Over-Scheduling Hypothesis." *Social Policy Report* 20, no. 4 (2006): 1–32.
35. Metsäpelto, Riitta-Leena, Lea Pulkkinen, and Asko Tolvanen. "A School-based Intervention Program as a Context for Promoting Socioemotional Development in Children." *European Journal of Psychology of Education* 25, no. 3 (2010): 381–98.
36. Dimech, Annemarie Schumacher, and Roland Seiler. "Extra-curricular Sport Participation: A Potential Buffer Against Social Anxiety Symptoms in Primary School Children." *Psychology of Sport and Exercise* 12, no. 4 (2011): 347–54; Farb, Amy Feldman, and Jennifer L. Matjasko. "Recent Advances in Research on School-based Extracurricular Activities and Adolescent Development." *Developmental Review* 32, no. 1 (2012): 1–48.
37. Wang, Jun, et al. "Developmental Trajectories of Youth Character: A Five-Wave Longitudinal Study of Cub Scouts and Non-Scout Boys." *Journal of Youth and Adolescence* 44, no. 12 (2015): 2359–73.
38. Killgore, Leslie. "Merit and Competition in Selective College Admissions." *Review of Higher Education* 32, no. 4 (2009): 469–88.
39. Thurber, Christopher A., et al. "Youth Development Outcomes of the Camp Experience: Evidence for Multidimensional Growth." *Journal of Youth and Adolescence* 36, no. 3 (2007): 241–54.
40. Meltzer, Lisa J., and Mary T. Rourke. "Oncology Summer Camp: Benefits of Social Comparison." *Children's Health Care* 34, no. 4 (2005): 305–14.
41. McCraw, Ronald K., and Luther B. Travis. "Psychological Effects of a Special Summer Camp on Juvenile Diabetics."

Diabetes 22, no. 4 (1973): 275–78.

42. Goodwin, Donna L., et al. "Connecting Through Summer Camp: Youth with Visual Impairments Find a Sense of Community." *Adapted Physical Activity Quarterly* 28, no. 1 (2011): 40–55.
43. Wong, William W., et al. "An Innovative Summer Camp Program Improves Weight and Self-esteem in Obese Children." *Journal of Pediatric Gastroenterology and Nutrition* 49, no. 4 (2009): 493–97; Huelsing, Jean, et al. "Camp Jump Start: Effects of a Residential Summer Weight-loss Camp for Older Children and Adolescents." *Pediatrics* 125, no. 4 (2010): e884–90.
44. Briery, Brandon G., and Brian Rabian. "Psychosocial Changes Associated with Participation in a Pediatric Summer Camp." *Journal of Pediatric Psychology* 24, no. 2 (1999): 183–90.
45. Cunningham, Lindy G., and Anne N. Rinn. "The Role of Gender and Previous Participation in a Summer Program on Gifted Adolescents' Self-concepts over Time." *Journal for the Education of the Gifted* 3 , no. 3 (2007): 326–52.
46. Lattal, K. A. "Contingency Management of Toothbrushing Behavior in a Summer Camp for Children." *Journal of Applied Behavior Analysis* 2, no. 3 (1969): 195–98.
47. Fichman, Laura, Richard Koestner, and David C. Zuroff. "Dependency and Distress at Summer Camp." *Journal of Youth and Adolescence* 26, no. 2 (1997): 217–32.
48. Kerns, Kathryn A., Laura E. Brumariu, and Michelle M. Abraham. "Home-sickness at Summer camp: Associations with the Mother-Child Relationship, Social Self-concept, and Peer Relationships in Middle Childhood." *Merrill-Palmer Quarterly* 54 (2008): 473–98.
49. Thurber, Christopher A. "Multimodal Homesickness Prevention in Boys Spending 2 Weeks at a Residential Summer Camp." *Journal of Consulting and Clinical Psychology* 73, no. 3 (2005): 555.
50. Cooper, Harris, et al. "The Effects of Summer Vacation on Achievement Test Scores: A Narrative and Meta-analytic Review." *Review of Educational Research* 66, no. 3 (1996): 227–68.
51. Alexander, Karl L., Doris R. Entwisle, and Linda Steffel Olson. "Lasting Consequences of the Summer Learning Gap." *American Sociological Review* 72, no. 2 (2007): 167–80.
52. Kuhfeld, Megan. "Surprising New Evidence on Summer Learning Loss." *Phi Delta Kappan* 101, no. 1 (2019): 25–29.

53. Cooper, Harris, et al. "Making the Most of Summer School: A Meta-analytic and Narrative Review." *Monographs of the Society for Research in Child Development* (2000): i–127; Borman, Geoffrey D., Michael E. Goetz, and N. Maritza Dowling. "Halting the Summer Achievement Slide: A Randomized Field Trial of the KindergARTen Summer Camp." *Journal of Education for Students Placed at Risk* 14, no. 2 (2009): 133–47.

10 情緒

1. Pons, Francisco, Paul L. Harris, and Marc de Rosnay. "Emotion Comprehension Between 3 and 11 Years: Developmental Periods and Hierarchical Organization." *European Journal of Developmental Psychology* 1, no. 2 (2004): 127–52.
2. E.g., Kosse, Fabian, et al. "The Formation of Prosociality: Causal Evidence on the Role of Social Environment." *Journal of Political Economy* 128, no. 2 (2020): 434–67.
3. Ruffman, Ted, Lance Slade, and Elena Crowe. "The Relation Between Children's and Mothers' Mental State Language and Theory-of-Mind Understanding." *Child Development* 73, no. 3 (2002): 734–51.
4. Tenenbaum, Harriet R., et al. "The Effects of Explanatory Conversations on Children's Emotion Understanding." *British Journal of Developmental Psychology* 26, no. 2 (2008): 249–63.
5. Ornaghi, Veronica, Jens Brockmeier, and Ilaria Grazzani. "Enhancing Social Cognition by Training Children in Emotion Understanding: A Primary School Study." *Journal of Experimental Child Psychology* 119 (2014): 26–39.
6. Olweus, D. "Bully/Victim Problems Among Schoolchildren: Basic Facts and Effects of a School Based Intervention Program," *Development and Treatment of Childhood Aggression*, D. J. Pepler and K. H. Rubin, eds. (1991): 411–48.
7. Ttofi, Maria M., and David P. Farrington. "Effectiveness of School-based Programs to Reduce Bullying: A Systematic and Meta-analytic Review." *Journal of Experimental Criminology* 7, no. 1 (2011): 27–56.
8. Kärnä, Antti, et al. "A Large-scale Evaluation of the KiVa Antibullying Program: Grades 4–6." *Child Development* 82, no. 1 (2011): 311–30.
9. Nocentini, Annalaura, and Ersilia Menesini. "KiVa Anti-Bullying Program in Italy: Evidence of Effectiveness in a Randomized Control Trial." *Prevention Science* 17, no. 8 (2016): 1012–23.

10. Frey, Karin S., Miriam K. Hirschstein, and Barbara A. Guzzo. "Second Step: Preventing Aggression by Promoting Social Competence." *Journal of Emotional and Behavioral Disorders* 8, no. 2 (2000): 102–12.
11. Cooke, Michelle Beaulieu, et al. "The Effects of City-wide Implementation of 'Second Step' on Elementary School Students' Prosocial and Aggressive Behaviors." *Journal of Primary Prevention* 28, no. 2 (2007): 93–115.
12. Frey, Karin S., et al. "Effects of a School-based Social–Emotional Competence Program: Linking Children's Goals, Attributions, and Behavior." *Journal of Applied Developmental Psychology* 26, no. 2 (2005): 171–200.
13. Grossman, David C., et al. "Effectiveness of a Violence Prevention Curriculum Among Children in Elementary School: A Randomized Controlled Trial." *Journal of the American Medical Association* 277, no. 20 (1997): 1605–11.
14. Upshur, Carole C., et al. "A Randomized Efficacy Trial of the Second Step Early Learning (SSEL) Curriculum." *Journal of Applied Developmental Psychology* 62 (2019): 145–59.
15. Low, Sabina, et al. "Promoting Social–Emotional Competence: An Evaluation of the Elementary Version of Second Step®." *Journal of School Psychology* 53, no. 6 (2015): 463–77.
16. Baumeister, Roy F., ed. *Self-Esteem: The Puzzle of Low Self-Regard*. New York: Springer Science & Business Media, 2013.
17. Craig, Wendy M. "The Relationship Among Bullying, Victimization, Depression, Anxiety, and Aggression in Elementary School Children." *Personality and Individual Differences* 24, no. 1 (1998): 123–30; Crick, Nicki R., and Gary W. Ladd. "Children's Perceptions of Their Peer Experiences: Attributions, Loneliness, Social Anxiety, and Social Avoidance." *Developmental Psychology* 29, no. 2 (1993): 244.
18. Laursen, Brett, et al. "Friendship Moderates Prospective Associations Between Social Isolation and Adjustment Problems in Young Children." *Child Development* 78, no. 4 (2007): 1395–404.
19. Bowes, Lucy, e al. "Families Promote Emotional and Behavioural Resilience to Bullying: Evidence of an Environmental Effect." *Journal of Child Psychology and Psychiatry* 51, no. 7 (2010): 809–17.
20. Ttofi, Maria M., et al. "Protective Factors Interrupting the Continuity from School Bullying to Later Internalizing and

Externalizing Problems: A Systematic Review of Prospective Longitudinal Studies." *Journal of School Violence* 13, no. 1 (2014): 5–38; Khamis, Vivian. "Bullying Among School-age Children in the Greater Beirut Area: Risk and Protective Factors." *Child Abuse & Neglect* 39 (2015): 137–46.

21. Heller, Sara B., et al. "Thinking, Fast and Slow? Some Field Experiments to Reduce Crime and Dropout in Chicago." *Quarterly Journal of Economics* 132, no. 1 (2017): 1–54.
22. Cary, Colleen E., and J. Curtis McMillen. "The Data Behind the Dissemination: A Systematic Review of Trauma-Focused Cognitive Behavioral Therapy for Use with Children and Youth." *Children and Youth Services Re- view* 34, no. 4 (2012): 748–57.
23. Berry, Kathryn, and Caroline J. Hunt. "Evaluation of an Intervention Program for Anxious Adolescent Boys Who Are Bullied at School." *Journal of Adolescent Health* 45, no. 4 (2009): 376–82.
24. Kapçi, Emine Gül, et al. "Cognitive-Behavioral Therapy for Anxiety in Elementary School Students." *Journal of Cognitive-Behavioral Psychotherapy and Research* 1, no. 2 (2012): 121–26.
25. Oar, Ella L., Carly Johnco, and Matthew H. Ollendick. "Cognitive Behavioral Therapy for Anxiety and Depression in Children and Adolescents." *Psychiatric Clinics of North America* (2017).

11 娛樂

1. Kearney, Melissa S., and Phillip B. Levine. "Early Childhood Education by Television: Lessons from *Sesame Street*." *American Economic Journal: Applied Economics* 11, no. 1 (2019): 318–50.
2. "Kids' Audience Behavior Across Platforms." Nielsen Company Report, 2015.
3. Hernæs, Øystein, Simen Markussen, and Knut Røed. "Television, Cognitive Ability, and High School Completion." *Journal of Human Resources* 54, no. 2 (2019): 371–400.
4. Lieury, Alain, et al. "Video Games vs. Reading and School/Cognitive Performances: A Study on 27,000 Middle School Teenagers." *Educational Psy- chology* 36, no. 9 (2016): 1560–95.
5. Kearney and Levine. "Early Childhood Education by Television." 318–50.
6. See, for example: Funk, Jeanne B., et al. "Violence

Exposure in Real-Life, Video Games, Television, Movies and the Internet: Is There Desensitization?" *Journal of Adolescence* 27, no. 1 (2004): 23–39, and cites therein, as well as Anderson, Craig A., and Brad J. Bushman. "Effects of Violent Video Games on Aggressive Behavior, Aggressive Cognition, Aggressive Affect, Physiological Arousal, and Prosocial Behavior: A Meta-analytic Review of the Scientific Literature." *Psychological Science* 12, no. 5 (2001): 353–59.

7. Anderson, Craig A., and Karen E. Dill. "Video Games and Aggressive Thoughts, Feelings, and Behavior in the Laboratory and in Life." *Journal of Personality and Social Psychology* 78, no. 4 (2000): 772 [see study 2].

8. Anderson and Bushman. "Effects of Violent Video Games on Aggressive Behavior, Aggressive Cognition, Aggressive Affect, Physiological Arousal, and Prosocial Behavior," 353–59.

9. Ferguson, Christopher J., et al. "A Longitudinal Test of Video Game Violence Influences on Dating an Aggression: A 3-year Longitudinal Study of Adolescents." *Journal of Psychiatric Research* 46, no. 2 (2012): 141–46; Dindar, Muhterem. "An Empirical Study on Gender, Video Game Play, Academic Success and Complex Problem Solving Skills." *Computers & Education* 125 (2018): 39–52.

10. DeCamp, Whitney, and Christopher J. Ferguson. "The Impact of Degree of Exposure to Violent Video Games, Family Backgroun , and Other Factors on Youth Violence." *Journal of Youth and Adolescence* 46, no. 2 (2017): 388–400.

11. Beck, Victoria, and Chris Rose. "Is Sexual Objectification and Victimiza- tion of Females in Video Games Associated with Victim Blaming or Victim Empathy?" *Journal of Interpersonal Violence* (2018): 0886260518770187; Breuer, Johannes, et al. "Sexist Games=Sexist Gamers? A Longitudinal Study on the Relationship Between Video Game Use and Sexist Attitudes." *Cyberpsychology, Behavior, and Social Networking* 18, no. 4 (2015): 197–202.

12. Masek, Martin, et al. "Improving Mastery of Fractions by Blending Video Games into the Math Classroom." *Journal of Computer Assisted Learning* 33, no. 5 (2017): 486–99.

13. Griffiths, Mark D., Daria J. Kuss, and Daniel L. King. "Video Game Addiction: Past, Present and Future." *Current Psychiatry Reviews* 8, no. 4 (2012): 308–18.

14. Rehbein, Florian, and Dirk Baier. "Family-, Media-, and School-related Risk Factors of Video Game Addiction."

Journal of Media Psychology (2013); Griffiths, Kuss, and King. "Video Game Addiction." 308–18.

15. E.g., Rehbein and Baier. "Family-, Media-, and School-related Risk Factors of Video Game Addiction."
16. Griffiths, Kuss, and King. "Video Game Addiction." 308–18.
17. Cespedes, Elizabeth M., et al. "Television Viewing, Bedroom Television, and Sleep Duration from Infancy to Mid-Childhood." *Pediatrics* 133, no. 5 (2014): e116371; Owens, Judith, et al. "Television-viewing Habits and Sleep Disturbance in School Children." *Pediatrics* 104, no. 3 (1999): e27.
18. Johnson, Jeffrey G., et al. "Association Between Television Viewing and Sleep Problems During Adolescence and Early Adulthood." *Archives of Pediatrics & Adolescent Medicine* 158, no. 6 (2004): 562–68.
19. Dworak, Markus, et al. "Impact of Singular Excessive Computer Game and Television Exposure on Sleep Patterns and Memory Performance of School-aged Children." *Pediatrics* 120, no. 5 (2007): 978–85.
20. O'Keeffe, Gwenn Schurgin, and Kathleen Clarke-Pearson. "The Impact of Social Media on Children, Adolescents, and Families." *Pediatrics* 127, no. 4 (2011): 800–4.
21. Schrobsdorff, Susanna. "Teen Depression and Anxiety: Why the Kids Are Not Alright." *Time*, October 27, 2016.
22. Best, Paul, Roger Manktelow, and Brian Taylor. "Online Communication, Social Media and Adolescent Wellbeing: A Systematic Narrative Review." *Children and Youth Services Review* 41 (2014): 27–36.
23. Bányai, Fanni, et al. "Problematic Social Media Use: Results from a Large-scale Nationally Representative Adolescent Sample." *PLoS One* 12, no. 1 (2017).
24. Barry, Christopher T., et al. "Adolescent Social Media Use and Mental Health from Adolescent and Parent Perspectives." *Journal of Adolescence* 61 (2017): 1–11.
25. Griffiths, M. D., and D. Kuss. "Ad lescent Social Media Addiction (revisited)." *Education and Health* 35, no. 3 (2017): 49–52.

國家圖書館出版品預行編目 (CIP) 資料

機智教養生活：經濟學教授媽媽教你做出最佳教養決策/艾蜜莉・奧斯特著；游綉雯譯. -- 初版. -- 臺北市：遠流出版事業股份有限公司, 2022.08
面；　公分

ISBN 978-957-32-9640-9(平裝)

1.CST: 親職教育　2.CST: 家庭教育

528.2　　111008755

機智教養生活：

經濟學教授媽媽教你做出最佳教養決策

作　　者／艾蜜莉・奧斯特
翻　　譯／游綉雯
主　　編／周明怡
封面設計／卷里工作室
內頁排版／菩薩蠻電腦科技有限公司

發 行 人／王榮文
出版發行／遠流出版事業股份有限公司
104005 台北市中山北路一段 11 號 13 樓
郵　　撥／0189456-1
電　　話／(02)2571-0297　傳真／(02)2571-0197
著作權顧問／蕭雄淋律師

2022 年 8 月 1 日　初版一刷
售價新臺幣 400 元（缺頁或破損的書，請寄回更換）
ISBN 978-957-32-9640-9

遠流博識網 http://www.ylib.com　e-mail: ylib@ylib.com

The Family Firm
By Emily Oster

First published in US by Penguin Press
Complex Chinese edition published by arrangement of William Morris Endeavor Entertainment, LLC
through Andrew Nurnberg Associates International Ltd.